Nelson Pereira da Costa

Estudo de Caso

Uma Abstração do que Acontece no Mundo Empresarial

Estudo de Caso - Uma Abstração do que Acontece no Mundo Empresarial

Editor: Paulo André P. Marques
Produção Editorial: Dilene Sandes Pessanha
Capa: Daniel Jara
Diagramação: Daniel Jara
Copidesque: Equipe Ciência Moderna

FICHA CATALOGRAFICA

COSTA, Nelson Pereira da.

Estudo de Caso - Uma Abstração do que Acontece no Mundo Empresarial

Rio de Janeiro: Editora Ciência Moderna Ltda., 2023.

1. Administração de empresas
I — Título

ISBN: 978-65-5842-280-8

CDD 658

Editora Ciência Moderna Ltda.
R. Alice Figueiredo, 46 – Riachuelo
Rio de Janeiro, RJ – Brasil CEP: 20.950-150
Tel: (21) 2201-6662/ Fax: (21) 2201-6896
E-mail: lcm@lcm.com.br
www.lcm.com.br

06/23

A

George

Meu amigo, Gerente de Vendas da Editora Ciência Moderna, que foi como uma luz no meu caminho como escritor. Sempre me deu apoio e acreditou que eu fosse um bom autor didático.

Prefácio

Há alguns anos, fui professor e coordenador do Curso de Administração da Faculdade de Administração, da Fundação Madeira de Ley. Em um determinado ano o diretor do referido curso me chamou para dizer que estava pensando colocar na grade curricular da Faculdade a disciplina "Estudo de Caso" e se eu estaria preparado para tal mudança.

Eu, então, tratei de recolher os casos arquivados, retirados de livros e revistas de administração, preparando uma apostila. Na coleta de dados que realizei, cheguei a cerca de duzentos casos, que separei em quatro níveis de complexidade.

Na época, tive muita dificuldade de classificar estes casos, pois não tinha o mesmo conhecimento e experiência que tenho hoje. Um outro fato que me assombrava é que uma disciplina de Estudo de Caso era uma novidade na graduação, mas não na pós-graduação.

Também li livros que falavam do assunto e estabeleci uma metodologia simples de resolução, tendo basicamente como fases:

Diagnose – Nesta fase são feitas uma série de perguntas retiradas da leitura crítica que se faz do caso.

Análise – Nesta fase se faz uma análise das questões apresentadas na diagnose. A análise responde questão por questão, da fase anterior.

Diagnóstico – Nesta fase o analista caracteriza o problema central.

Hipótese de Solução – Algumas recomendações de solução devem ser apreciadas para se chegar a uma solução plausível. Mas, apenas uma é a escolhida.

Como tinha feito uma Pós-Graduação em Metodologia do Ensino Superior, na Universidade Gama Filho, utilizei todas as Técnicas de Dinâmica de Grupo que lá aprendi. As aulas transcorreram com sucesso, principalmente, quando eu usava a Técnica do Confronto entre Grupos.

Muitos dos casos, que serão propostos neste livro, tiveram suas hipóteses de solução nestes grupos de alunos, em sala de aula.

É importante assinalar que existem várias hipóteses de solução para um mesmo caso, porque as pessoas têm níveis de percepção diferentes, mesmo trabalhando em grupo. Assim, o leitor deve entender que a solução apresentada terá sempre um caráter provisório, porque nada é definitivo.

A solução ótima de hoje pode não valer no futuro.

O leitor tem todo o direito de discordar de hipóteses de solução, pois não existe um só caminho para se chegar à resolução de um problema. Se tal for à situação, aconselho que se reúna com pessoas credenciadas para juntos buscarem uma outra solução, talvez mais relevante e inteligente.

O leitor precisa entender que um livro, mesmo didático, é uma abstração. Por outro lado, ele não pode ser muito longo, em virtude do custo e, consequentemente, do preço de venda. Um livro didático não é um tratado ou uma tese de doutorado.

Embora existam diversos livros sobre Estudo de Caso, eu não me lembro ter visto um que apresentasse uma Metodologia de Análise e Avaliação do Caso Problema, fruto de uma Dinâmica de Grupo realizada em sala de aula.

O livro apresenta casos resolvidos para ajudar o leitor, quando viver uma situação semelhante. Também propõe diversos casos para serem discutidos em grupo, ajudando o professor desta matéria.

Gostaria de agradecer a todos aqueles autores que li, por meio de suas obras, tendo em vista que a minha formação intelectual e cultural se deve a todos os livros que li e estudei até hoje. Também não poderia deixar de lado o agradecimento a todos os exigentes professores que passaram pela minha vida.

Nelson Pereira da Costa

Sumário

Capítulo 1

Introdução

"A definição, análise e resolução de problemas são tão importantes quanto planejar e estabelecer estratégias."

Robert Heller

Objetivos do Capítulo

- Mostrar a dificuldade de se definir o que seja um problema, já que tudo parece como tal.
- Mostrar os principais conceitos que ajudam no estudo de caso.
- Mostrar uma metodologia de estudo de caso.

1.1 Estudo de Caso

O estudo de caso consiste em apresentar, de forma sucinta, uma situação real ou fictícia, para ser discutida em um grupo. A forma de como apresentar o caso pode consistir em descrição, narração, diálogo, dramatização, sequência fotográfica, filme, artigo, resenha, relatório. O objetivo principal do estudo de caso é propor um diagnóstico para uma situação vivenciada em uma organização.

Esta técnica pode receber, também o nome caso seminário, discussão resultado, resolução de problema e que consiste na apresentação de um caso para o grupo dar sugestões ou apresentar soluções, conforme o fato, enfoque ou método. Também pode ser usado com a finalidade de atingir determinados objetivos, tais como:

- Desenvolver a capacidade analítica e espírito crítico no participante (funcionário, professor, aluno, leitor).
- Buscar a motivação e integração do grupo.
- Capacitar o participante a entender como, quando, onde e por que tomar decisões.

Os tipos de casos mais utilizados são: Caso Problema e Caso Análise.

O caso análise tem como objetivo desenvolver a capacidade analítica. Mas, quanto mais aprofundada for a análise, maior é a certeza de que a tomada de decisão apresenta menos risco. No caso análise, a unanimidade geral não é o propósito do encontro.

O caso problema tem como objetivo chegar a uma solução, a melhor possível, em função dos dados apresentados. No caso problema, há um esforço de síntese. É importante observar que ninguém pode, com certeza, dizer qual o caminho certo na solução de um problema. Neste caso o grupo desenvolve a melhor solução, em função dos recursos disponíveis.

O estudo de caso é uma técnica de simulação. Ele parte do princípio de que existe sempre mais de uma solução adequada para qualquer problema. Tal método requer que seja designado um coordenador que deverá ser o elemento capaz de fazer o grupo trabalhar de maneira organizada, não sendo levado à dispersão.

A ação adequada deve ser precedida de diagnóstico do problema, o que não é muito complicado, quanto às questões técnicas e operacionais. Mas, que se torna muito complexo quando envolve temas comportamentais e afetivos, cujas sutilezas exigem análise mais intensa.

A contribuição do método é a de organizar as atividades, tornando mais provável que os problemas sejam atacados no momento apropriado. As etapas de estudo de caso são as seguintes:

a) Leia o caso cuidadosamente.
b) Liste os aspectos (fatos) básicos e relevantes.
c) Avalie as informações e busque diagnosticar o problema.
d) Estabeleça alternativas de solução para o problema.
e) Escolha a alternativa de solução mais adequada e implemente.
f) Prepare um plano de acompanhamento.

O coordenador deverá conduzir o debate no sentido de que não haja perda de tempo ou que alguém desvie o grupo do tema. Embora o caso seja discutido em grupo, é comum dividir em subgrupos menores. Cabem, ao coordenador geral, os seguintes procedimentos:

- Anunciar e apresentar o caso, pedindo aos participantes que façam anotações individualmente.
- Explicar que os participantes não devem perder tempo com dúvidas momentâneas, porque estas serão dirimidas pelo grupo.
- Dar início à discussão, trazendo perguntas, como: "O que lhe chamou mais atenção e qual é realmente o problema?"
- Dar a palavra a quem solicitar, administrando o tempo de cada um.
- Fazer comentários.
- Incitar o debate.
- Pedir que cada grupo estude um determinado aspecto do problema.
- Ser mais ouvinte do que orador, para não inibir os participantes.

Independente do grupo, cada um deve apresentar o seu relatório. Cabe ao coordenador apresentar como definiu o problema, como fez sua análise e qual foi a solução de consenso.

1.2 Conceitos Complementares

Alguns conceitos complementares ajudarão no estudo de caso, tais como:

Estudo – O estudo ajuda na solução de um problema, porque adianta uma descrição analítica de um fenômeno, fato, evento, situação, por exemplo. Estudo ajuda a descomplicar a descrição de um problema.

Estudar – Estudar é um ato pelo qual cada pessoa enfrenta a realidade para compreender e elucidar o que vê. Não é simplesmente ler ou ouvir algo sobre determinado assunto. É concentrar todos os recursos e habilidades pessoais na capacitação e assimilação dos dados, relações e técnicas conducentes ao domínio de um problema ou assunto.

Há muita coisa para se estudar e aprender, infinitamente mais do que um só indivíduo pode dominar. Isto implica, consequentemente, o exercício de um processo decisório sobre o que estudar.

Problema – Problema (questão) é algo (situação, dificuldade, necessidade) que exige a busca de uma resposta, além de evitar conflito, constrangimento, discussão, hesitação, perplexidade e discrepância entre o que é e o que deveria ser. Tal resposta pode alterar um processo, uma decisão, uma realidade, um objetivo, uma estratégia, uma política, um procedimento, um plano e um projeto, por exemplo. Um problema não resolvido, em qualquer campo do conhecimento, merece um estudo aprofundado.

Chiavenato admite que "um problema acontece quando encontramos uma discrepância entre o que é e o que deveria ser". Hampton afirma que "a mola que aciona o processo decisório é a consciência de que existe um problema". Ao se tentar responder ao questionamento anterior, verifica-se, em geral, que todo projeto surge para resolver um problema. Isto quer dizer que a origem do projeto, geralmente, é um problema não resolvido.

O problema é uma questão proposta para que se lhe dê uma solução. O importante é, em primeiro lugar, individualizar, entre várias questões, o problema central a ser enfrentado. Um problema imprecisamente identificado irá criar dubiedades, anulando sua razão de ser.

Sintoma – Um sintoma é um desvio do comportamento de um sistema àquilo que se considera normal. Custos mais baixos do que os normais são um sintoma e não algo errado, indicam uma mudança no sistema. Aplicando-se técnicas estatísticas, pode-se detectar o sintoma. Os sintomas são obtidos não apenas pela comparação do atual com o passado, como também pela comparação com sistemas semelhantes, por exemplo, o concorrente. Alguns autores nos falam de pré-sintomas, como sendo um prenúncio de um sintoma.

Análise – Análise é a busca da melhor solução (resposta) para uma questão colocada em estudo ou dúvida. A análise permite dividir aquilo que se deseja conhecer em tantas partes quanto possíveis, de modo a trazer conhecimento de cada uma delas, e, com isso, chegar ao detalhamento do todo.

O estudo de um processo (sistema, projeto, solução, atividade), em todos os seus detalhes, recebe o nome de análise, que procura, sobretudo, apontar fraquezas, qualidades, vantagens, desvantagens, oportunidades e restrições.

A visão geral que se tem da análise é a de um processo que visa descobrir as causas de determinadas coisas ou os efeitos de ações, produzindo, desde que possível, procedimentos, quanto ao que deva ser feito para melhorar alguma coisa. Desse modo, a análise resume-se, tão somente, em apontar alternativas, em fazer sugestões, em procurar soluções, as mais diversas, para os males encontrados ou apontados.

Ora, a pergunta que surge é, naturalmente, aquela que exprime as seguintes dúvidas: Por que a análise? Qual o motivo de se analisar algo que esteja funcionando? A análise busca apontar: falhas estruturais; objetivos, propósitos e metas mal definidos; desperdícios; controles insuficientes; carga de trabalho mal distribuída; inadequabilidade de meios e recursos; rotinas ineficientes; estratégias mal formuladas; falta de conhecimento adequado e muito mais.

Avaliação – A avaliação mostrará qual o resultado conseguido, bem como o feedback que se deve dar para corrigir os desvios não previstos. Avaliar é comparar, por meio de um controle, os resultados obtidos com os padrões propostos anteriormente.

Uma avaliação deve ter, de preferência, um relato escrito. Segundo Koontz, "avaliar significa fazer uma apreciação ou estimativa". A avaliação é importante para qualquer indivíduo e/ou organização, pois é através dela que se adquire senso crítico e racionalização dos recursos.

A avaliação requer um referencial, isto é, um padrão. A falta de padrões objetivos e concretos dá àquele que avalia campo para dar vazão aos seus preconceitos, idiossincrasias e tendenciosidades. A falta de avaliação de um resultado, uma resposta ou um desempenho não dará ao administrador condições de compará-los aos padrões pretendidos.

A avaliação tem sido utilizada pelos homens e animais, bem como pelas organizações. Ela é realmente uma condição de vida da qual não há como escapar, a não ser que a retiremos do vocabulário do dirigente empresarial.

Os administradores não julgam apenas a mera capacidade de produzir resultados, mas também estão preocupados com o modo pelo qual os resultados são produzidos e com as implicações no curto e no longo prazo dos métodos utilizados. Embora nem sempre isto seja possível, a avaliação de desempenho por confronto com o padrão deve, idealmente, ser feita numa base futura, de forma que os desvios possam ser descobertos antes de sua ocorrência real e evitados com remédios adequados.

Entretanto, o administrador sagaz, que tem os olhos no futuro, pode, às vezes, predizer desvios do padrão. Na falta de tal habilidade, os mesmos devem ser revelados.

Diagnose – A diagnose é a caracterização da problemática, isto é, conjunto de problemas menores relativos a um determinado problema maior.

Diagnóstico – O diagnóstico é um levantamento de dados (informações) a respeito de um problema, que ajuda a dar uma definição para as causas (origens) que criaram tal situação. É o caminho que resolve, mesmo que temporariamente, o problema, por meio de hipótese(s) de solução.

Hipótese – Hipótese é uma suposição que se faz na tentativa de explicar o que se desconhece. Ela é uma proposição enunciada para responder, tentativamente, a um problema. É um enunciado conjectural das relações entre duas ou mais variáveis, que é aceito provisoriamente.

A característica básica de uma hipótese é de que ela é uma suposta, provável e provisória resposta a um problema. Isto quer dizer que demanda tempo para ser comprovada. É uma suposição que antecede a constatação dos fatos.

A formulação da hipótese tem como condições: ter caráter explicativo e/ou preditivo; ser compatível com o conhecimento científico; ter relevância e consistência lógica; ser passível de verificação empírica. Para não perder tempo o administrador precisa que a hipótese seja correta e se apresente formalizada, fundamentada e baseada em conhecimentos anteriores, porque terá de ser constatada empiricamente.

Solução – A solução é um meio ou processo de superar um problema. Nem sempre a solução apresentada permite a resolução total do problema, pois a mesma tem de ser conclusiva e demonstrável, como recomenda a ciência. A solução de um problema utiliza, racionalmente, as ferramentas gerenciais. Assim a função administrativa análise, por exemplo, busca a melhor resposta possível dentre várias. Resposta é definida como uma reação necessária e suficiente, embora nem sempre seja a solução do problema.

A solução de cada problema gerencial é dada por meio de uma série de ajustamentos, em que cada um deles é avaliado em relação à margem de contribuição que dê para o resultado final da empresa. Como as pessoas evitam "perder" tempo, energia e dinheiro na busca de uma solução própria e original, elas se voltam para soluções já apresentadas e de conhecimento geral.

Implementação – A implementação é a transição da decisão para a execução, isto é, colocar em prática aquilo que foi proposto como hipótese de solução. Existem pontos comuns à maioria das implementações, pelo que é possível estabelecer uma série de questões, tais como:

- Que estrutura organizacional montar?
- Como treinar as pessoas envolvidas?
- Haverá a necessidade de contratação de mão de obra?
- Há disponibilidade dos recursos previstos?
- Que testes serão executados?
- Como o novo sistema funcionará em paralelo com o antigo sistema?

A implementação de um plano sofre a influência de inúmeros problemas organizacionais que prejudicam a sua consecução, devido à falta de: habilidade em diagnosticar problemas; capacidade de liderança; uma metodologia adequada; recursos; uma correta avaliação do risco; competência para delegar; habilidade para administrar conflitos e resistência à mudança.

Toda a implementação será um processo interativo, porque se ocorrerem grandes desvios, talvez você precise modificar os objetivos, mudar as estratégias e táticas ou revisar a metodologia. Enfim, fazer correções.

Implantação – Etapa que sucede a implementação de um projeto e que se diferencia por poder ser aplicada de maneira sucessiva (incremental), pois se deve atacar primeiro aquilo que seja mais vantajoso e rentável. A maioria dos autores confunde implementação com implantação. Para dirimir esta dúvida siga a seguinte regra: "Para plano aplica-se implementação e para projeto implantação".

A implantação é a fase onde se treina o usuário. Esta fase bem completada pode dar início a uma operação perfeita e ao entrosamento nos serviços e nos procedimentos da empresa. É fatal que, durante a implantação, surjam problemas não previstos, cujas soluções exijam uma reformulação de alguns pontos do sistema projetado. Não se deve encarar tal fato como indicativo de um projeto mal construído.

É fatal que, durante a implementação ou implantação, surjam problemas não previstos, cujas soluções exijam uma reformulação da solução proposta.

Acompanhamento – É de grande importância que haja um acompanhamento das soluções implementadas, durante um determinado período, porque a comparação com os novos resultados alcançados torna possível avaliar se as medidas aplicadas resolveram a problemática do caso em pauta e, também, para verificar se existem ajustes, mudanças e modificações convenientes a serem realizadas.

O acompanhamento poderá ser feito por meio de: reuniões, relatórios, controles, matrizes, quadros, índices, indicadores, planilhas, por exemplo.

Variável – A variável é qualquer quantidade, qualidade, classificação, medida, característica ou atributo que pode possuir diferentes valores numéricos. O aspecto que mais salta aos olhos no equacionamento de um problema são as variáveis que assumem diferentes valores, às vezes, mutuamente excludentes para ajudar a testar a(s) hipótese(s). Portanto, uma variável pode ser considerada, também, como: valor, aspecto, propriedade, fator, objeto, traço, magnitude.

A variável pode ser independente ou dependente. A variável independente é aquela que influencia, determina ou afeta uma outra variável. A variável dependente é o fator que aparece, desaparece ou varia à medida que o investigador introduz, tira ou modifica a variável independente. Ela é efeito, resultado, consequência ou resposta a algo que foi manipulado na variável independente.

O Estudo de Caso é uma forma de aprendizado muito usada nos cursos de pós-graduação, como MBA, Mestrado e Doutorado. Muitos estudos de caso se transformam em temas de teses de doutorado. Existem cursos de MBA que são apresentados aos alunos como estudo de problemas que organizações enfrentaram no passado e que deram uma solução, na época. Os alunos do MBA discutem estes casos e apresentam novas soluções.

Nota: Criado há mais de um século e usado por escolas de negócios no mundo todo, o famoso método de estudo de casos da Universidade de Harvard vem sendo criticado por não preparar os alunos do MBA para enfrentar os desafios nas empresas, porque os municia com informações demais a respeito de um problema, algo raro no mundo real. Além disso, o "exercício" apresenta, desde o início, a solução para o problema.

Capítulo 2

Casos Solucionados

"A capacidade de resolver problemas faz parte do conhecimento acadêmico. A seleção do problema com o qual se vai trabalhar é que faz a diferença entre a ciência interessante e a informação irrelevante."

Arno Penzias

Objetivos do Capítulo

- Mostrar que o estudo de caso é um bom método de análise e de resolução de problema.
- Mostrar que o estudo de caso, para ser efetivo, precisa seguir uma metodologia.
- Mostrar que o estudo de caso ajuda a pessoa a aprender como relacionar a sua realidade com a solução proposta por um grupo, para um caso contado em uma reunião.

2.1 A Companhia NPC

O presidente da Companhia NPC, quando o diretor de vendas se aposentou, decidiu que o substituto deveria vir de fora da empresa. Isoladamente, ele chegou à conclusão que não possuía dentro da NPC pessoa habilitada a assumir cargo de tamanha importância. Assim ele recrutou Ricardo Abdala, um engenheiro de trinta anos, que também possuía um diploma de bacharel em Administração.

O presidente conheceu Ricardo num seminário, onde este fazia demonstrações de produtos de uma firma concorrente. Ricardo havia feito, na ocasião, uma brilhante exposição da linha de produtos de sua empresa, abordando especificações, qualidades e valores agregados. A maneira como o engenheiro havia se comportado, impressionou o presidente da NPC.

Nos dois primeiros anos após sua contratação Ricardo não conseguiu um aumento apreciável do faturamento. Trouxe para a companhia consumidores que eram antigos conhecidos do seu emprego anterior (firma concorrente), mas em contrapartida perdeu velhos e importantes clientes cativos da empresa.

Outro fato que abalou a diretoria de vendas é que algumas pessoas importantes de Vendas se demitiram. O assistente de publicidade, depois de um ano de trabalho sob a direção de Ricardo, entrou em rota de colisão com o mesmo e também se desligou da empresa, indo trabalhar numa concorrente. A organização de vendas sofreu um giro considerável de novos chefes e assistentes.

Como resolver a questão?

Diagnose:

01 – Por que o presidente da NPC precisou trazer alguém de fora?

02 – Por que o diretor de vendas não preparou um subordinado para exercer seu cargo, quando este se ausentasse da empresa?

03 – Por que o presidente da companhia não encaminhou o Sr. Ricardo ao seu pessoal de RH?

04 – Como Ricardo perdeu diversos clientes cativos?

05 – Por que o turnover dos cargos de chefia aumentou na seção de Vendas?

Análise:

Pergunta 01: O presidente da Companhia NPC acredita em intuição não prestigiando a "prata da casa". Fato que causou grande constrangimento aos funcionários remanescentes.

Pergunta 02: O diretor de vendas tem a mesma postura automática do presidente da empresa.

Pergunta 03: Talvez a NPC nem tenha um Departamento de Recursos Humanos ou o presidente acredita que um bom demonstrador de produtos pode vir a ser um diretor de vendas. O presidente é uma pessoa que se impressiona com um teatro, esquecendo que uma peça para ser encenada precisa de muitos ensaios.

Pergunta 04: Faltou ao Ricardo o conhecimento real da pesquisa de mercado. Ele sempre agiu como engenheiro, desprezou, sempre, o conhecimento administrativo, achando que um novo curso era para aumentar o currículo.

Pergunta 05: Um novato, antes de tomar qualquer decisão, precisa conhecer o clima organizacional da empresa. A ninguém é dado o direito de achar que é mais importante que os demais, principalmente, quando trabalha em equipe. Em qualquer organização o que vale é a qualidade das pessoas, porque são elas é que tocam a empresa.

Diagnóstico:

Obviamente que a falta de conhecimento estratégico do presidente fez dele um péssimo gestor. Aliás, o sustentáculo da Companhia era o diretor de vendas, infelizmente, não percebido a tempo pelo presidente. Qualquer gestor de uma empresa precisa entender que, se seus produtos não vendem, a organização fecha.

Solução:

Algumas recomendações de solução são possíveis, como:

Estabelecer uma política de RH na empresa, imediatamente, implantando um Plano de Treinamento Continuado. No caso presente o problema maior é de caráter cognitivo em Relações Humanas.

Acompanhar diariamente o controle de faturamento da empresa, por meio de correspondência eletrônica com todos os diretores e gerentes, porque este precisam comunicar os desvios e com isso trazerem sugestões de solução.

Fazer reuniões semanais, em todos os níveis, para buscar mais integração e interação entre os dirigentes para dar mais transparência ao negócio. O acompanhamento é necessário para verificar a necessidade de ajustes nas estratégias e táticas.

2.2 Empresa Brejo Ltda.

Muitas vezes ouvimos: "A situação financeira da empresa vai mal, porém ela tem uma posição econômica promissora". Embora finanças, economia e contabilidade, às vezes, se confundam, elas possuem funções distintas. O pessoal da administração financeira está sempre preocupado com liquidez, reconhecendo receitas e despesas como entradas e saídas, respectivamente.

A empresa pode ter excelentes níveis de venda, mas ter de fechar suas portas por causa de insuficiência de caixa para pagar suas dívidas. Assim, apresentamos, a seguir, para sua análise e consideração, o seguinte problema:

A Empresa Brejo Ltda. vendia um produto por $ 10,00, que fabricava com um custo de $ 7,50, com uma margem de lucro de $ 2,50 e concedia crédito de 30 dias de prazo. O volume de produção é baseado na expectativa de vendas do período seguinte. As expectativas de venda eram todas realizadas. Os clientes pagavam em dia. A empresa mantinha estoques equivalentes para 30 dias.

Situação no início de janeiro:

Caixa = $ 7.500,00

Estoques = $ 11.250,00

Contas a Receber = $ 15.000,00

Durante o mês de janeiro:

Vendeu 2.000 unidades (2.000 x 10,00 = 20.000,00)

Produziu 2.500 unidades (2.500 x 7,50 = 18.750,00)

Lucro = $ 5.000,00 (2.000 x 2,50)

Situação no início de fevereiro:

Caixa = $ 3.750,00 (7.500,00 + 15.000,00 - 18.750,00)

Estoques = $ 15.000,00 (11.250,00 + 500 x 7,50)
Contas a Receber = $ 20.000,00 (2.000 x 10,00)

Durante o mês de fevereiro:
Vendeu 2.500 unidades (2.500 x 10,00 = 25.000,00)
Produziu 3.000 unidades (3.000 x 7,50 = 22.500,00)
Lucro = $ 6.250,00 (2,50 x 2.500)
Lucro Acumulado = $ 11.250,00 (5.000,00 + 6.250,00)

Situação no início de março:
Caixa = $ 1.250,00 (3.750,00 + 20.000,00 – 22.500,00)
Estoques = $ 18.750,00 (15.000,00 + 500 x 7,50)
Contas a Receber = $ 25.000,00 (2.500 x 10,00)

Durante o mês de março:
Vendeu 3.000 unidades (3.000 x 10,00 = 30.000,00)
Produziu 3.500 unidades (3.500 x 7,50 = 26.250,00)
Lucro = $ 7.500,00 (3.000 x 2,50)
Lucro Acumulado = $ 18.750,00 (11.250,00 + 7.500,00)

Situação no início de abril:
Caixa = $ 0,00 (1.250,00 + 25.000,00 – 26.250,00)
Estoques = $ 22.500,00 (500 x 7,50 + 18.750,00)
Contas a Receber = $ 30.000,00 (3.000 x 10,00)

Durante o mês de abril a empresa verificou que, apesar do lucro acumulado de $ 18.750,00, não tinha dinheiro para produzir mais, pois todo o lucro foi utilizado em gastos pessoais dos sócios e para pagamento de dívidas de investimentos. Verificou, também, que os dados contábeis não refletiram, inteiramente, as circunstâncias da empresa. A escassez de recursos em caixa resultou na sua paralisação, embora o negócio fosse de comprovada lucratividade.

Para sustentar seu nível de crescentes vendas, a administração tentou um financiamento bancário (empréstimo), mas tal não foi conseguido, devido a esta empresa ter uma conta bancária fraca (sem saldo médio adequado).

Como resolver a questão?

Diagnose:

01 – Por que a empresa não atuou sob uma carteira de pedidos, pois produziu mais do que realmente necessitava, embora vendesse sempre tudo?

02 – Por que a empresa não possui um controle do fluxo de caixa para prevenir necessidades de capital no futuro?

03 – Por que a empresa não fez reservas para eventualidades?

04 – Por que o lucro não foi reinvestido e, sim, retirado antes de se completar, pelo menos, um exercício?

05 – Por que a empresa não se preocupou em manter um capital de giro que a fizesse funcionar?

06 – Por que a direção da organização não utilizou as ferramentas de gestão, mesmos as mais simples?

Análise:

O saldo de caixa diminuiu ao longo do período.

Não há uma indicação da conta "Bancos" no histórico apresentado.

Não foi o saldo da conta bancária que fez o banco recusar empréstimo, mas sim a fraca movimentação bancária.

Os lucros acumulados não foram incorporados ao saldo de caixa ou aplicados num Fundo de Renda Fixa de um banco comercial. Simplesmente sumiram.

Os lucros foram gastos, irresponsavelmente, com despesas pessoais dos sócios.

Os estoques e as contas a receber tiveram valores crescentes ao longo da série histórica. Fato que comprometeu mais a liquidez.

Diagnóstico:

O quadro, a seguir, sintetiza o diagnóstico.

Contas	Janeiro	Fevereiro	Março
1 – Caixa	7.500,00	3.750,00	1.250,00
2 Contas a Receber	15.000,00	20.000,00	25.000,00
3 – Entradas (1 + 2)	22.500,00	23.750,00	26.250,00
4 – Produção	18.750,00	22.500,00	26.250,00
5 – Saldo (3 - 4)	3.750,00	1.250,00	0,00

Solução:

Algumas recomendações de solução foram desenvolvidas, em função de uma dinâmica de grupo que estudou o caso, sendo as seguintes:

Parar a produção por trinta dias e passar a atuar por carteira de pedidos.

Fazer dinheiro (caixa) com vendas dos estoques.

Atualizar o montante de contas a receber.

Colocar as duplicatas em desconto no banco em que a empresa tem conta.

Estabelecer imediatamente um controle do fluxo de caixa.

Estabelecer uma política de pró-labore e retiradas para os sócios.

Trabalhar com um estoque mínimo de produtos acabados para não imobilizar capital desnecessariamente.

2.3 Empresa Incerteza Ltda.

A empresa Incerteza Ltda. trabalha com três produtos distintos: A, B e C. O desempenho dos produtos no final do exercício foi o seguinte, no que se refere aos custos e receitas:

Produto	Receita	Custo Total	Lucro	Custos Variáveis	Rateio dos Custos Fixos
A	260.000	187.500	72.500	150.000	37.500
B	220.000	250.000	(30.000)	200.000	50.000
C	140.000	62.500	77.500	50.000	12.500
Totais	**620.000**	**500.000**	**120.000**	**400.000**	**100.000**

Como informações adicionais, temos:

Não existem estoques iniciais e finais.

Foram produzidas e vendidas: 10.000 unidades de A; 7.500 unidades de B e 2.500 unidades de C.

A capacidade máxima de produção da empresa, medida em horas de mão de obra direta, foi totalmente utilizada e não ultrapassa 150.000 horas anuais.

Não existem problemas de mercado no que se refere a vender o produto isoladamente ou em conjunto.

As quantidades máximas que o mercado absorveria de cada produto são: 12.000 do produto A, 9.500 do produto B e 3.000 do produto C.

Uma unidade do produto A demora 5 horas para ser produzida.

Uma unidade do produto B demora 2 horas para ser produzida.

Uma unidade do produto C demora 34 horas para ser produzida.

Aceitando as informações, acima apresentadas, e tendo em vista o prejuízo do produto B, seríamos levados a cortar o referido produto.

Já a abordagem, por meio da margem de contribuição apresenta um resultado, que nos leva, também, a cortar o produto B, tendo em vista sua margem ser muito menor do que as demais.

Produto	**Receita**	**Custos Variáveis**	**Margem de Contribuição**
A	260.000	150.000	110.000
B	220.000	200.000	20.000
C	140.000	50.000	90.000
Totais	**620.000**	**400.000**	**220.000**

Nesta situação, temos:

Margem de Contribuição = $ 220.000,00

Custos Fixos = $ 100.000,00

Lucro Líquido = $ 120.000,00

Não estamos, ainda, em condições de dizer quem está absolutamente certo. Apenas, o critério utilizado em segundo lugar é menos enganoso, no sentido de uma decisão para cortar um dos produtos, já que os três produtos apresentam uma margem de contribuição positiva para a cobertura dos custos fixos. Se deixarmos de vender qualquer um deles, nem por isso os custos fixos serão menores.

Se, entretanto, resolvermos eliminar o produto B, os efeitos serão:

Margem de Contribuição de A	$ 110.000,00
Margem de Contribuição de C	$ 90.000,00
Margem de Contribuição Total	$ 200.000,00
Custos Fixos	$ 100.000,00
Lucro Líquido	$ 100.000,00

O lucro líquido diminuiu, após deixarmos de vender o produto B, e mesmo que conseguíssemos reduzir alguma parcela de custo fixo, provavelmente, seria menos do que $ 20.000,00. Entretanto, não estamos certos de que tenhamos escolhido o melhor método, pois o conceito de margem de contribuição unitária tem suas vantagens, como retratado, a seguir:

Produto	Margem de Contribuição Unitária	Margem de Contribuição por Hora
A	$ 11,00 (110.000/10.000)	$ 2,20 (1,00/5)
B	$ 2,67 (20.000/7.500)	$ 1,33 (2,67/ 2)
C	$ 36,00 (90.000/2.500)	$ 1,06 (36,00/34)

Assim, pela margem de contribuição unitária, o ranking é o seguinte: Produto C; Produto A; Produto B. Mas, pela margem de contribuição por hora, o ranking passa a ser: Produto A; Produto B; Produto C.

A seguir, está sendo colocado um método de análise e solução para o caso:

Diagnose:

Na problemática em questão, podemos destacar:

Qual deve ser o critério adotado para a descontinuidade de um produto, quando se fabrica apenas três produtos?

Por que um número de horas de fabricação tão diferente de um produto para outro?

Será que é preciso rever o cálculo do rateio dos custos fixos?

Será preciso levar o estudo da margem de contribuição para quantidades maiores de produção?

Análise:

Os principais pontos de análise são:

O prejuízo do produto B.

O número de horas de fabricação do produto B é o mais baixo de todos.

Produção: A = 10.000; B = 7.500; C = 2.500.

Total da Produção = 20.000 unidades.

Custo Fixo Total = 100.000,00

O custo fixo rateado por produção e venda passaria a ser:

Produto A = $ 50.000,00 (100.000,00 x 10.000 / 20.000)

Produto B = $ 37.500,00 (100.000,00 x 7.500 / 20.000)

Produto C = $ 12.500,00 (100.000,00 x 2.500 / 20.000)

O produto B tem um custo variável maior que o custo variável do produto A, mesmo tendo estas 10.000 unidades produzidas e levando mais do que o dobro de horas de produção do que o produto B.

Diagnóstico:

Os resultados apresentados no caso em análise, e pelo critério baseado na margem de contribuição, teríamos de cortar o produto B.

Solução:

Algumas recomendações de solução:

Refazer o estudo dos custos para os produtos B e C, já que o produto A é intocável, sob todos os aspectos.

A capacidade instalada pode estar aquém daquilo que o mercado pode absorver.

Enxugar o custo do produto B que é o mais crítico.

Testar uma produção maior, com o objetivo de ajudar o lucro líquido a crescer, já que o produto B vende uma quantidade que não pode ser desconsiderada.

É importante saber se as máquinas de produção dos produtos apresentados são comuns ou distintas.

Afinal, existem máquinas imobilizadas que para serem alienadas trarão mais problemas do que continuar como estão.

2.4 Empresa Tempo Limitado

Como de costume o Sr. Carlos levanta-se às 6 h e 30 min da manhã, já pensando que terá um longo dia pela frente e à noite deverá ter um jantar de negócios. Ele foi o gerente de vendas da empresa, trabalha na mesma há 15 anos, tendo iniciado sua carreira como vendedor. Hoje é diretor de vendas. Tem prestígio com o diretor-geral, tendo em vista o seu dinamismo, cortesia e sacrifício, porque gastou muitos fins de semana viajando para reuniões e compromissos diversos, em nome da empresa.

Desde que assumiu o cargo atual sente que não tem tempo para mais nada, mal vê os filhos, sua qualidade de vida piorou e já começou a ter problemas com a esposa que insiste em discutir a relação entre eles. Outra reclamação crônica diz respeito ao fato de que além de chegar tarde em casa, ainda leva trabalho para fazer.

Certo dia, ao chegar ao escritório encontrou um recado do Sr. Freitas, gerente regional da região sul, informando que estaria na sua sala para tratar de um assunto muito urgente. Mais um dia de problemas, pensou, justo hoje que o diretor-geral volta de férias. Sua mesa era uma bagunça, pois estava atulhada de papéis para assinar, recados para responder, correspondência para ler e documentos para assinar.

Passava os olhos numa revista quando o Sr. Freitas chegou. Este estava bastante nervoso e foi direto ao assunto, comunicando que um cliente reclamou que um seu concorrente tinha recebido da empresa um mesmo produto com um preço mais barato e ameaçava devolver a mercadoria. Mas, o que mais irritava o Sr. Freitas é que este desconhecia o fato, e se sentia como marido enganado.

Um tanto surpreso e embaraçado o Sr. Carlos resolveu "abrir o jogo", explicando que o tal concorrente havia recebido um preço especial porque se tratava de uma mercadoria devolvida, devido à falência de uma outra firma que tinha comprado a mesma. Não podia prever que tal transação vazasse. Então prometeu que tal fato não se repetiria, pois dava muito valor à cadeia de comando. E, assim dito, concedeu o mesmo desconto para o cliente mencionado pelo Sr. Freitas. A solução para o problema levantado fez o Sr. Carlos perder mais de uma hora.

Sua secretária entrou na sala e avisou que o diretor-geral solicitava a sua presença. Interrompendo a reunião com o Sr. Freitas, a quem pediu que esperasse uns momentos, dirigindo-se à sala do chefe. Depois de um papo inicial e um cafezinho o diretor solicitou o relatório de vendas do mês anterior. O Sr. Carlos informou que estava em fase final de elaboração, prometendo entregá-lo no dia seguinte.

Ao sair da sala do diretor encontrou o gerente de produção que pediu uma reunião para tratar da previsão de vendas para o mês seguinte. Marcaram a reunião para as 4 h da tarde daquele mesmo dia.

Ao voltar à sua sala sua secretária informou que o Sr. Freitas havia ido embora e sua mulher havia telefonado, bem como o gerente regional do Oeste, que precisava de uma orientação. Ligou para a esposa pessoalmente e essa o avisou que teria de pagar a escola das crianças, pois era o último dia, mas que ele esquecera de deixar o talão de cheques em casa e que o cartão de crédito estava estourado. O Sr. Carlos avisou de que faria o pagamento na hora do almoço.

Sua secretária lhe lembrou de que precisaria fazer às 10 h uma entrevista de seleção. Ligou para o gerente da região oeste para saber da tal orientação, sendo informado de que o mesmo não sabia como proceder em casos de acidentes com vendedores. O Sr. Carlos prometeu consultar o Departamento de Recursos Humanos e ligar em seguida.

Como não conseguiu falar com o gerente de pessoal que estava fora da empresa, resolveu conversar com alguns subordinados a respeito de acidentes, porque ele não tinha instruções de como agir. Não obtendo as informações desejadas voltou a sua sala e pediu à secretária que chamasse a pessoa encarregada do relatório de vendas. Ao conversar com ela lembrou-se de que tinha esquecido de passar dados importantes. Remexeu as gavetas, procurou em cima da mesa, perguntou à secretária se estavam com ela e, finalmente, ao olhar na pasta, encontrou-os.

Eram quase 11 h quando atendeu ao candidato a assistente de vendas, uma nova posição que ele estava propondo para aliviá-lo da carga excessiva de trabalho. Analisou o currículo do candidato e conversou com ele durante 45 min, sendo interrompido por vários telefonemas e pela secretária que pediu algumas instruções. Ficou de dar uma resposta ao entrevistado na semana seguinte, pois precisava discutir a proposta com o diretor-geral e dependia da sua aprovação.

Depois de assinar alguns papéis saiu para pagar a escola dos filhos. Como o trânsito estava muito congestionado, encontrou a tesouraria da escola fechada para almoço. Enquanto esperava foi a uma lanchonete para comer algo. Voltou novamente à escola onde teve de esperar, pois havia fila, pagou as mensalidades e quando chegou ao escritório já eram 14 h. Encontrou um recado do gerente regional da zona oeste que ligara para cobrar as informações prometidas.

Voltou a procurar o gerente de pessoal. Conversou com ele sobre o acidente e foi informado de que seria necessário falar com a companhia de seguros. Resolveu ficar ali mesmo. Depois de vários telefonemas conseguiu, finalmente, todos os dados necessários. Voltou a ligar para o gerente regional, passando as informações. Já eram 15 h e como estava cansado, decidiu abrir a sua correspondência. Foi quando se lembrou de que deveria rever a nova lista de preços, mas para isso necessitava de dados sobre custos de matérias-primas e insumos.

Então, pediu à secretária para consegui-los. Enquanto isso preparou o material que iria precisar para discutir com o cliente com quem jantaria à noite. Verificou que a lista de preços iria fazer-lhe falta e decidiu proceder a alguns cálculos aproximados já que não teria tempo para fazer o trabalho todo.

Com isso, atrasou-se para a reunião com o gerente de produção, que só se iniciou às 16 h e 45 min e, além disso, foi interrompido diversas vezes por telefonemas, pelo funcionário encarregado do relatório de vendas e por uma solicitação do diretor-geral.

Às 19 h resolveu interromper a reunião para encontrar-se com o seu cliente. Antes de sair pôs na pasta a lista de preços e os dados sobre os materiais para dar uma espiada quando chegasse a sua casa. O jantar e a conversa com o cliente prolongaram-se até às 22 h. Ao chegar ao lar estava tão exausto que resolveu deixar a tal lista para o dia seguinte.

A maneira de atuar do Sr. Carlos é comumente encontrada nas empresas e causa enormes desperdícios de tempo, de esforço e de recursos, gerando um ambiente tenso e de baixa produtividade. Como resolver o problema?

Antes de mais nada, liste quais são os principais desperdiçadores de tempo do Sr. Carlos.

Diagnose:

Em nossa problemática podemos destacar as seguintes questões:

01 – Por que precisa levar trabalho para casa?

02 – Por que vive reclamando da falta de tempo?

03 – Por que sua mesa é uma bagunça?

04 – Por que seu backolog (trabalho acumulado) chegou a um volume tão grande?

05 – Por que o Sr. Freitas precisou ir a sua sala para tratar de um assunto "super urgente"?

06 – Por que são feitas concessões de desconto que não são comunicadas à Força de Vendas?

07 – Por que levou tanto tempo para explicar ao Sr. Freitas uma coisa tão banal?

08 – Por que, depois de dar as explicações ao Sr. Freitas, ainda pediu que o mesmo o aguardasse, pois iria falar com o diretor?

09 – Por que sua secretária não usou o interfone para avisá-lo da chamada do diretor?

10 – Por que o relatório de vendas não estava pronto?

11– Por que fez uma promessa que não poderia cumprir, sobre o relatório de vendas?

12 – Por que a sua esposa precisa ligar para ele resolver problemas menores e particulares?

13 – Por que o gerente da região oeste ligou para ele, em vez de ligar direto para o Departamento Pessoal?

14 – Por que teve de discutir com subordinados assuntos que não lhe dizem respeito?

15 – Por que tem de demonstrar para a secretária que não sabe onde os documentos se encontram?

16 – Por que só começou a entrevista com uma hora de atraso?

17 – Por que não se preparou para a entrevista?

18 – Por que foi tão interrompido durante a entrevista?

19 – Por que não ligou para o Colégio para saber o horário para pagamentos?

20 – Por que se comprometeu com o gerente da região oeste a fazer uma coisa que não lhe competia?

21 – Por que só abriu sua correspondência às 15 horas?

22 – Por que lhe cabe rever a lista de preços?

23 – Por que marcou uma reunião com o gerente de produção no corredor, tendo um dia ainda cheio de compromissos não atendidos?

24 – Por que fazer reuniões de negócio à noite?

25 – Por que uma simples reunião de previsão de vendas durou 2 h e 30 min?

Análise:

As principais análises a serem destacadas são:

Pergunta 01: Levar trabalho para casa só deve ser feito em última necessidade e não se tornar uma rotina. O tempo discricionário deve ser aproveitado de outra maneira para que a pessoa se torne mais criativa e até mais inteligente nas suas decisões.

Pergunta 02: A reclamação sobre a falta de tempo, provavelmente, se deve ao fato de não saber delegar e nunca ter estudado administração do tempo.

Pergunta 03: Porque não foi treinado para ser gerente, carecendo de conhecimentos de Administração.

Pergunta 04: Por pura incompetência.

Pergunta 05: O Sr. Carlos precisa mostrar a sua secretária a diferença entre o que é urgente e o que é prioritário, se souber.

Pergunta 06: Porque não há uma política de preços na empresa.

Pergunta 07: Porque o Sr. Carlos não é pragmático e, muito menos, objetivo. Talvez queira tratar dos negócios como se fosse um político e não um administrador.

Pergunta 08: O Sr. Carlos parece que tem prazer de que as pessoas esperem por ele, tomando o tempo das mesmas.

Pergunta 09: A secretária está tão acostumada a interrompê-lo, que tal prática passou a ser comum. Ela não sabe aguardar o momento certo.

Pergunta 10: Por que o Sr. Carlos não acaba aquilo que começa. Tem sempre algo a terminar, parecendo muito "ocupado".

Pergunta 11: O Sr. Carlos prometeu entregar o relatório no dia seguinte, sem ao menos consultar sua agenda. Parece que ele não tem agenda de trabalho.

Pergunta 12: O Sr. Carlos precisa fazer tudo sozinho, porque não sabe delegar.

Pergunta 13: Provavelmente, porque o Sr. Carlos deve ser daqueles que faz coisas improdutivas para dizer que é o tal.

Pergunta 14: O Sr. Carlos desconhece as funções de seu cargo.

Pergunta 15: Porque é desorganizado e seu trabalho não possui método e disciplina.

Pergunta 16: Pelo mesmo motivo, não sabe administrar o tempo executivo.

Pergunta 17: Pelo fato de estar ocupado com coisas irrelevantes, inúteis e improdutivas.

Pergunta 18: Porque desconhece o que deve ser uma entrevista. Precisa ler e estudar sobre o assunto.

Pergunta 19: Porque o telefone é uma ferramenta que não sabe utilizar. Ligar para o Colégio é função da secretária.

Pergunta 20: Pela mesma razão apontada na análise da pergunta 13 e, também, por, até hoje, ainda, desconhecer a palavra "não". Muito político, mas péssimo administrador.

Pergunta 21: Correspondência de cunho pessoal é o Sr. Carlos que abre. Correspondência da organização é a secretária que, além de abrir, registra e coloca em ordem cronológica para apreciação do chefe.

Pergunta 22: Se houvesse uma política de preços com as margens, descontos e reajustes previstos, o Sr. Carlos receberia a lista pronta, a menos que não confie nos subordinados, achando-os incompetentes.

Pergunta 23: Marcar reunião em um corredor, com tanta coisa para fazer demonstra duas coisas: a primeira, é de que não tem a mínima visão do que acontece ao seu redor e, a outra, talvez, seja de que não tem mais desculpas para adiar tal encontro.

Pergunta 24: Reunião de negócios à noite é para incompetentes. Este período é para: dedicar à família, fazer cursos, ler, estudar, ver televisão, telefonar para amigos, atualizar seus conhecimentos, acessar a Internet.

Pergunta 25: Nesta reunião, com certeza, foram tratados outros assuntos, pois um encontro como este, mesmo que seja complicado, não pode ultrapassar mais de 40 min, pois aquilo que não se resolve neste período precisará de uma outra reunião, no futuro. Reunião não é seminário.

Diagnóstico:

O diagnóstico é fácil de determinar. O Sr. Carlos não tem a mínima noção das funções administrativas, funções organizacionais e gerencia mal os recursos. É possível que, por ser um bom vendedor, foi feito gerente, sem estar preparado para o cargo. Fato que é muito comum nas empresas. Um bom vendedor não traduz um bom gerente, e vice-versa.

Solução:

Algumas recomendações de solução devem ser apreciadas para se chegar a uma solução plausível:

Estabelecer políticas e procedimentos de vendas e de pessoal, urgentemente, se possível, com o apoio de uma analista organizacional.

Enviar o Sr. Carlos e secretária para cursos de treinamento de administração do tempo e reciclagem sobre funções administrativas.

Criar um cargo de assistente do diretor-geral para o Sr. Carlos e colocar no seu lugar alguém que entenda de gestão corporativa.

Pedir ajuda a uma empresa de consultoria, se houver necessidade.

Reestudar as funções do Departamento de Vendas, na estrutura organizacional da empresa.

Aplicar técnicas de desenvolvimento organizacional.

Capítulo 3

Casos Propostos

"Leonardo da Vinci podia imaginar todos os tipos de brilhantes dispositivos mecânicos, mas todos eles ficaram no papel, sem serem construídos, porque ele não conseguiu informações suficientes para criar um motor para movê-los".

Lester Thurow

Objetivos do Capítulo

- Propor diversos casos em ordem de dificuldade.
- Mostrar que um grupo é formado de pessoas que têm opiniões diferentes.
- Mostrar que, às vezes, a arte imita a vida.

3.1 Um Aprendizado Positivo

Depois de um aprendizado com êxito como engenheiro de obras, Charles subiu algumas escalas no nível hierárquico da organização. Quando isto ocorreu, suas relações com subordinados, pares e superiores sofreram algumas alterações que não passaram despercebidas por aqueles e, com efeito, por ele mesmo.

Examinando mentalmente os estágios de sua subida, ele se lembrou de que como engenheiro de obras havia se associado a outros engenheiros de várias atividades sociais e recreativas. Em algumas dessas ocasiões ele poderia ter bebido um pouco mais livremente, porém nunca de maneira a chamar a atenção e nunca a ponto de cambalear.

Quando se tornou engenheiro supervisor, ele deixou de frequentar aquelas reuniões e diminuiu a bebida nas que teve de participar. E quando foi promovido para a cúpula da divisão de engenharia, ele se mudou para um bairro residencial de alta classe e passou a frequentar um dos clubes mais chiques do local. Estas suas ações pareciam ter sido bem recebidas por todos os demais colegas.

Mas, Charles continuou achando que tinha se afastado demais de seus subordinados. Assim numa de suas saídas recentes, ele agiu da mesma maneira como fazia no passado, para provar que não estava com o "rei na barriga". Para sua surpresa, comcçou a ouvir rumores de que ele não sabia lidar com o sucesso.

3.2 Um Engenheiro de Pesquisa

Jairo, um engenheiro de pesquisa, tinha sido empregado de uma determinada empresa, durante dez anos. Suas contribuições e suas atitudes eram excelentes, até que um jovem engenheiro, com o grau de doutorado, mas sem qualquer experiência, foi admitido na empresa, com uma pequena diferença a mais em relação ao salário do Jairo.

O diretor de pesquisa, baseou-se na atualização de conhecimentos do mundo acadêmico e acreditou que tal contratação ajudaria em muito o setor de pesquisa da empresa, pois é na Universidade o local para o desenvolvimento da ciência e da tecnologia.

O diretor de pesquisa logo percebeu a mudança de comportamento de Jairo e o convidou para uma conversa. Este, sendo uma pessoa franca manifestou seu descontentamento pela diferença salarial entre ele o novato.

Para justificar a ação, o diretor de pesquisa demonstrou ter encontrado dificuldade em conseguir tal mão de obra qualificada em pesquisas e também devido à falta no mercado de recursos humanos de pessoal com essa especialização. Acrescentou que a empresa estava precisando de mais gente nessa área.

Jairo ouviu com cortesia e declarou sua apreciação pelos comentários do diretor, mas salientou que nas conversas com os sócios da empresa, com membros da sua própria família e com membros da sociedade profissional, tinha ouvido falar que ele tinha sofrido uma falta de prestígio pessoal e status dentro da própria organização.

Tudo isso deixou Jairo apreensivo com relação ao seu futuro na organização, além de muita frustração e insegurança.

3.3 Locomotivas a Vapor

Importante Estrada de Ferro, pertencente à Rede Ferroviária Federal, substituiu todas as suas locomotivas a vapor por diesel-elétrica. Os maquinistas das locomotivas a vapor, após um estágio nas novas locomotivas, em outra ferrovia, foram aproveitados para dirigirem os novos equipamentos.

O treinamento dos maquinistas constou de simples acompanhamento, durante algumas semanas, dos trabalhos de manobra e condução de trem, mas não na sua própria ferrovia. Num trecho de 500 km, aproximadamente, as locomotivas a vapor foram substituídas de uma só vez.

A Oficina de Manutenção e Reparos foi colocada no início da ferrovia, tendo pessoal treinado para tal serviço. Os problemas se fizeram sentir desde os primeiros dias. Muitas vezes, a meio caminho, uma locomotiva elétrica voltava para a Oficina, onde se contatava que o defeito era apenas um fusível queimado.

O maquinista, quando da redação do relatório, não sabia explicar o defeito que ocasionou a parada do trem. Frequentemente, eram necessárias reparações nos sistemas de freios, devido à má operação das alavancas.

Muitos maquinistas foram punidos por excesso de velocidade, porque não sabiam como agir. Embora advertidos que teriam de ler os manuais e estudá-los, os mesmos maquinistas diziam que o que liam parecia grego antigo, isto é, não entendiam nada. A ferrovia teve grandes prejuízos.

3.4 A Utilização do Tempo

Todos os dias da semana, de manhã, quando chega no escritório, o Sr. Souza, presidente da empresa, lê a correspondência recebida e encontra uma quantidade de folhetos que descrevem as qualidades de várias máquinas que deseja adquirir.

Pela janela aberta de seu escritório, ele ouve o distante ruído de um autofalante, onde o locutor enaltece aquilo que está vendendo.

Entra, então, a secretária e dirigi-lhe um cordial bom dia, que ele responde com um aceno amigável de cabeça, enquanto continua falando ao telefone. Mais tarde, dita algumas cartas à secretária, faz depois uma reunião com o Sr. Costa, diretor de produção. Nesta reunião, são discutidos alguns pontos e seus efeitos sobre a estratégia de investimento.

Encerrada a reunião, o Sr. Souza, meditando sobre os negócios pendentes, atravessa lentamente a rua em direção ao restaurante próximo. No caminho vê o Sr. Costa, que entra, apressadamente, no mesmo restaurante. O Sr. Souza não chama o Sr. Costa para sentarem juntos, preferindo ficar sozinho.

Pensou, para que chamar o diretor de produção, se este está sempre correndo e volta para trabalhar na empresa. Enquanto espera o garçom, lê o cardápio cuidadosamente, mas o aroma de um determinado prato lhe chama atenção.

Depois do almoço, resolve comprar um par de luvas, embora não precisasse. Entra na loja e examina cada par com as pontas dos dedos. Feita a compra resolve não trabalhar na parte da tarde e levar seu filho ao Jardim Zoológico.

No trajeto o menino faz algumas perguntas que ele não responde. Quando estão próximos ao Jardim Zoológico uma ambulância passa por eles a toda velocidade. O Sr. Souza para o carro e ali explica ao filho quando foi fundada a igreja do outro lado da rua.

Depois de comprar os ingressos, pai e filho dirigem-se para o lugar onde estão os elefantes, o menino ri, porque um dos paquidermes jogou água em um dos espectadores. Já no fim da tarde, o

Sr. Souza cede aos apelos do filho para irem ao cinema. Chegando em casa e depois de jantar em família, resolve ir ao teatro para assistir a uma ópera.

3.5 Cavacos Oleosos

O processo de fresagem, usado por João, produz uma quantidade de cavacos oleosos que cai ao solo ao redor de sua máquina. João tem estado na operação da fresa durante muitos anos e, de modo geral, é considerado como homem que coopera.

Quando um dia seu novo supervisor lhe pediu para limpar o chão, entorno de sua máquina, dos cavacos oleosos e que o fizesse até a hora da saída. Pediu também que fizesse este trabalho todos os dias.

No dia seguinte, o supervisor encontrou o local todo sujo e alertou João que ele não tinha atendido ao seu pedido de limpeza. João inventou milhões de desculpas. Para um seu colega, João queixou-se de que não tinha tempo para fazer "trabalho doméstico".

Embora o supervisor o aconselhasse e até ameaçasse, João limpava os cavacos de maneira irregular e com grande relutância. Ele achava que não era pago para isso e que tal trabalho deveria ser feito pelo pessoal da limpeza, fora do horário de trabalho.

Duas semanas mais tarde o supervisor, em cinco minutos, contou a João um caso, vivido por ele, na antiga fábrica em que trabalhara, sobre um acidente de trabalho em que o fresador ao escorregar nos cavacos caiu sobre a fresa e perdeu um braço.

Dessa data em diante, sem mais necessidade de que alguém lhe ordenasse, João passou a deixar o local de trabalho bem limpo.

3.6 O Departamento de Ferramentaria

O novo supervisor, recém nomeado para o Departamento de Ferramentaria tem estado a estudar as necessidades e características dos ferramenteiros, a fim de mais bem conhecer seus homens. Ele está usando todos os meios possíveis para obter tal conhecimento, porque lhe disseram que o Departamento vem de mal a pior e precisa ser mudado. Talvez, uma motivação.

O supervisor fez uma análise da ficha de cadastro do Pedro da Silva, porque este é um dos homens que está abaixo da média de produtividade e, no entanto, seu nível de educação e testes de admissão o colocaram entre os 10% mais bem preparados como ferramenteiro.

Um dia o supervisor precisou ter uma conversa com Pedro, antes da hora da saída. A fala entre os dois, depois de cinco minutos, foi interrompida por Pedro que o convidou para ir até a sua casa que ficava bem próxima.

Lá na casa de Pedro, este mostrou ao supervisor o seu passatempo predileto que era a construção de carros em miniatura. O supervisor ficou maravilhado com tanta precisão e detalhe dos modelos.

Em conversa com sua mulher, em particular, ela lhe disse que era muito difícil tirar o marido daquele trabalho, pois este precisava dormir, para no dia seguinte seguir para a fábrica onde trabalhava. O novo supervisor começou a pensar o que fazer.

3.7 Companhia Eletrônica SE

A SE expandiu com muita rapidez nas duas décadas passadas. Ela, atualmente, fabrica chips para mísseis sob controle do governo.

Atualmente a empresa possui um presidente e quatro diretores executivos. Cada diretor tem sob seu comando os seguintes departamentos: Produção, Distribuição, Contabilidade, Pesquisa e Desenvolvimento. Cada departamento mantém sua própria assessoria administrativa.

A empresa centraliza todos os Bancos de Dados no Departamento de Contabilidade, cuja programação cabe a um contador sênior. Quando qualquer departamento precisa de acessar uma base de dados estatísticos de mercado, por exemplo, tem de ter permissão da Contabilidade.

Este procedimento irrita profundamente os demais departamentos que, em virtude disso, tomam suas próprias decisões, causando duplicação de atividades e perda de tempo e de recursos.

Os custos vêm aumentando em proporções alarmantes, porque os chefes de departamento contratam serviços por fora para terem informações atualizadas e porque precisam tocar o trabalho. Produzir mísseis não é uma rotina qualquer.

Os chefes de departamento reclamam dessa centralização.

A explicação dada pelo presidente é a de que é na contabilidade que estão os recursos financeiros e, por isso, se faz necessária tal centralização.

Em função disso, o presidente da empresa contratou um consultor em sistemas de informação, de fora da empresa, para buscar uma solução para o problema.

Fato que irritou ainda mais os chefes de departamentos.

3.8 Um Chefe de Escritório

O chefe de escritório de uma empresa desenvolveu um novo sistema de faturamento que substituiria dez empregados. Como todos os empregados da empresa são sindicalizados, não levou muito tempo para aparecer um agente sindical.

Tal agente marcou uma entrevista com o chefe de escritório para discutir o caso. Depois que o plano lhe foi explicado, o agente declarou que todos os funcionários da empresa entrariam em greve.

Uma alternativa para a não demissão seria a realocação dos empregados potencialmente substituíveis, ou que fossem pagas as indenizações à base de um mês de salário por ano de serviço, mas que em caso algum a rescisão contratual importaria no mínimo dez meses de salário.

O chefe de escritório retorquiu dizendo que, se ele concordasse com tal proposta, abriria mão de sua liderança dentro da empresa, ficando desmoralizado frente a diretoria da empresa.

A conversa acabou abruptamente, não se chegando à solução alguma.

3.9 Um Programa de Análise

Um cuidadoso Programa de Análise revelou que, presentemente, se executou pesquisas em todas as divisões de uma empresa. Há pesquisas diferentes na fabricação, em recursos humanos, em mercadologia, na controladoria, na engenharia e na própria divisão de pesquisa & desenvolvimento.

Quando esta informação foi passada na reunião da executiva da organização, o gerente-geral expressou a seguinte opinião: As pesquisas deviam ser concentradas em uma única área. Ele julgou que isto ocasionaria uma redução dos custos e que a coleta de dados seria facilitada para a devida tabulação dos dados.

Mal ele acabou de falar, ouviram-se vozes discordantes, porque cada pesquisa tinha um foco diferente das demais.

A única pessoa que apoio o gerente-geral foi o da pesquisa & desenvolvimento, argumentando que pesquisa precisa de alguém gabaritado, não só para colher dados, como para bem tabulá-los e aferi-los.

Mas uma dúvida ficou no ar: Por que o gerente de pesquisa & desenvolvimento queria tanto poder?

3.10 A Empresa BMC

A BMC está atualmente estruturada segundo as funções organizacionais: Produção; Vendas; Engenharia; Finanças; Pessoal.

Com a implementação de um sistema de processamento de dados na empresa, o departamento de engenharia industrial foi incumbido da gestão dos sistemas de informações, além de suas responsabilidades reguladoras quanto as rotinas da fábrica.

O departamento de engenharia colocou esse sistema sob a direção do controlador financeiro da organização.

Desde muitos anos, existe na firma um departamento de serviços administrativos, responsável por serviços de arquivamento de cópias da documentação. Entretanto, um número crescente de operações burocráticas está sendo digitalizado.

A partir da criação do sistema de processamento eletrônico de dados, começaram a aparecer conflitos de toda ordem.

O presidente da empresa leu recentemente um artigo que versava sobre sistema integrado de gestão. Reuniu os seus chefes de divisão e departamentos, solicitando que estes sugerissem um sistema que pudesse funcionar a contento na empresa, sem que a estrutura organizacional da empresa fosse abalada.

3.11 Um Jovem Frustrado

Anderson Ribeiro da Costa é um jovem engenheiro agrônomo que, devido às boas qualificações com que se formou, ganhou uma bolsa de estudos de pós-graduação no EUA.

Ribeiro é casado e tem filhos pequenos, mas não podia ter a família consigo durante seus estudos no exterior. Além de ser estudioso, é um homem dinâmico, sincero e cordial.

Obteve também com excelentes notas o grau de "*master*" e no seu regresso foi nomeado vice-diretor da recente Escola de Pós-Graduação que sua Universidade estabeleceu. Recebe, assim, uma boa remuneração.

No princípio, Ribeiro empenhou-se em compartilhar os conhecimentos adquiridos com os demais colegas e companheiros de trabalho. Deu várias palestras, recebendo parabéns pelas suas ideias.

Entretanto, quando começou a aplicar alguma destas ideias na estruturação da Escola, notou que o diretor da mesma e a maioria dos professores demonstraram certo receio em aceitar as mesmas.

Uma das razões para tal resistência foi que, quando Ribeiro regressou ao seu país, o plano de reestruturação que a Universidade tinha aprovado, no ano anterior, já estava em andamento.

Anderson acredita que muitas características deste plano são inadequadas e que a estrutura, no conjunto, é muito modesta. Insiste em um aumento de 40% no orçamento da Escola e deseja que os professores lhe submetam seus programas de estudo para sua aprovação, em vez de colocá-los diretamente em ação.

Por outro lado, pensa que é impossível fazer um trabalho útil, enquanto 70% destes professores sejam empregados de tempo parcial (20 horas por semana). O seu maior desgosto é que o plano tenha destinado mínimas parcelas para livros, máquinas, equipamentos e laboratórios.

O próprio local em que está situada a Escola é tão apertado e antigo, que Ribeiro o detesta e queixa-se continuamente.

Depois de ter sido um homem jovial e alegre, Anderson tornou-se retraído. Só fala de assuntos de trabalho com seus companheiros, nas poucas ocasiões em que fala. Já não é membro do Clube dos Professores, como era antes, e deixou de jogar tênis aos sábados, nas quadras da Universidade.

Frequentemente, intercala palavras inglesas nas suas frases, prefere as revistas nesse idioma e tende a se vestir de modo extravagante, pelo menos em comparação aos costumes de seus colegas. Tende a menosprezar a todos e pensa que nesta Universidade não pode fazer nada.

Mesmo na sua vida familiar, ele tem se tornado um pouco taciturno e irritável. Começou a escrever cartas procurando emprego no EUA.

3.12 Um Fabricante de Liquidificadores

Uma empresa fabricante de liquidificadores a fim de se posicionar melhor no mercado, resolveu produzir seus produtos com novos desenhos e achou que podia lançar um novo produto por ano.

Embora não pudessem ser incorporadas modificações importantes todos os anos, era possível fazer mudanças no desenho e pequenas modificações técnicas. Estas modificações eram expostas de tal maneira que davam aos consumidores a impressão de que os novos modelos continham aperfeiçoamentos substanciais.

Esta política proporcionou-lhe um alcance maior no mercado, mas também lhe trouxe mais custos e queixas. Sua própria organização teve de ser ampliada para desenhar o "novo" produto e revisar alguns dos processos de produção.

Seus distribuidores e varejistas queixaram-se de ter que estocar peças demais e de proporcionar serviços para os muitos modelos velhos. Entre os últimos consumidores parecia haver um número menor dos que repetiam compras do que se esperava.

Em que pese o fabricante apostar na febre do consumismo e na ignorância dos consumidores, pois estes dificilmente leem especificações técnicas dos manuais dos produtos, porque, se eles lessem, descobririam que são vinhos velhos em garrafas novas os tais "novos" produtos.

Assim, o fabricante ponderou sobre o que devia estar errado e se devia ou não voltar à sua velha política de não fazer modificações em seus produtos, exceto quando a alteração fosse realmente de importância.

3.13 Uma Questão de Diversificação

Uma empresa de projeto e desenvolvimento de produtos tinha 150 funcionários dos quais eram engenheiros, desenhistas e técnicos que, além de criarem projetos para novos produtos, também davam assistência e assessoria técnica a seus clientes.

A empresa tinha uma boa reputação com as indústrias manufatureiras da região.

Depois de um ano de resultados espetaculares a empresa resolveu adotar uma estratégia de diversificação, que, há certo tempo, vinha considerando. A diretoria achou que, por ter uma excelente imagem no mercado, ela poderia também fabricar produtos idênticos aos que tinha projetado no passado, é claro, com algumas modificações. Assim, além de prestar serviços, ela seria também um fabricante.

Embora a empresa estivesse concorrendo no mercado, seus clientes consumidores não reagiram de maneira desfavorável. Contudo, depois de dois anos para se implantar no mercado e imobilizar considerável capital, passou a ter prejuízo na área de produção, porque não conseguia criar demanda para seus produtos.

A diretoria concluiu que a empresa deveria descontinuar as operações de produção e voltar ao propósito inicial que era Projeto e Desenvolvimento de Novos Produtos. Concluíram, também, que o dinheiro investido em produção de seus próprios produtos poderia ter sido melhor empregado em tecnologia.

3.14 O Cliente Mattos

O Sr. Mattos, cliente de muitos anos da Metalúrgica Metal S. A., telefonou para esta, solicitando uma encomenda de 50 rodas, modelo K, para um prazo de 60 dias. A divisão de Planejamento e Controle da Produção estimou que seriam necessários 20 dias para produzir tais rodas.

O gerente de vendas da empresa telefonou para Mattos informando que sua encomenda seria atendida no prazo solicitado e disse que a Produção já tinha colocado o pedido em carteira, observando que a mesma desse curso e acompanhamento ao mesmo. O Departamento de Vendas informou também à Contabilidade, Finanças, Materiais e Expedição.

Planejamento e Controle da Produção preparou as ordens de serviço para serem encaminhadas às seções envolvidas no processo de manufatura, incluindo nos seus devidos controlgramas o pedido do cliente Mattos.

Um dia antes que cada seção tivesse de iniciar a fabricação, as ordens de serviço foram despachadas para cada uma delas.

Uma semana antes da data de entrega, Mattos telefonou para saber se o pedido seria entregue na data acertada. Uma verificação nas oficinas revelou que haveria um atraso de quatro dias na entrega.

3.15 Laboratório Max

O Laboratório Max é um fabricante de remédios com um alto faturamento, atuando nas principais capitais do país. Produz duas linhas de produtos, uma de anti-inflamatórios e outra de vitaminas. Para vender anti-inflamatórios o Max entra em contato com médicos a fim de posicionar sua marca junto a classe médica e as vitaminas são vendidas através do varejo.

Para tal, o Laboratório Max gasta muito dinheiro com pesquisas, promoções, propaganda na mídia e despesas com vendedores junto ao varejo.

A direção do Laboratório deu prioridade ao pessoal de marketing, que, praticamente, governa a empresa, talvez por acreditar que estas pessoas são as que trazem dinheiro para a empresa, afinal, se não vender, ela fecha.

A estrutura organizacional do marketing é dividida em uma diretoria nacional e em diretorias regionais. Cabe a diretoria nacional ditar as políticas e os planos. Cabe as diretorias regionais executarem a comunicação com os consumidores e fazer as pesquisas de campo. Cada linha de produto tem força de vendas própria.

Recentemente as divisões de produção tem reclamado sobre a falta de independência e pedem que haja uma nova estrutura organizacional, tendo cada linha de produtos uma diretoria nacional e diretores regionais. Com este tipo de organização eles creem terão mais flexibilidade de decisão, fazendo com que tenham mais eficiência, eficácia e efetividade.

De acordo com a alta administração, essas mudanças acarretariam uma elevação dos custos fixos, mas pensa também que uma maior flexibilidade nas linhas de produtos, talvez, traga benefícios. A dúvida existe e o diretor-geral solicitou uma reunião com diretores e gerentes para decidirem sobre o futuro da empresa, esperando, com a reunião, obter elementos para um novo plano estratégico.

3.16 Um Jovem Gerente

Francisco Amaral é um sujeito muito orgulhoso de sua trajetória profissional. É o mais jovem gerente de primeira linha de uma importante indústria automobilística, e tem sob seu comando cerca de dez supervisores e cento e dez operários em uma divisão do Departamento de Produção, onde existem linhas de montagem.

Amaral quer ser um cara "legal", mas com o devido respeito de todos. Sempre lhe passa pela cabeça, e isto ele nunca esquece, que foi admitido na companhia, há cinco anos, como operário sem nenhuma qualificação, embora tivesse o segundo grau de instrução.

Em outros termos, entrou como peão naquela imensa fábrica que lhe parecia um mundo sem fim. Começou como substituto, dava cobertura aos colegas da linha de montagem, quando tinham de sair por qualquer motivo, seja para ir ao ambulatório, para ir falar com o chefe ou para ir ao banheiro.

Quando alguém entrava em férias, Amaral ficava durante todo o mês em uma única tarefa, o que lhe dava uma sensação de importância, pois poderia dizer aos amigos que já tinha ocupação fixa, uma coisa importante para ele.

Aos seis meses de empresa foi convocado pelo Departamento de Recursos Humanos para fazer um curso interno, já que tinha demonstrado certas habilidades manuais e mecânicas. Ficou, durante uma semana, em uma oficina separada onde recebia aulas, explicações, demonstrações e onde tinha de executar certas tarefas relativamente fáceis.

Ele ganhou boas notas e foi parar na linha de chassis de automóveis. Já tinha um bom ordenado e fazia muitas horas extras, dava um duro danado. Sua linha sempre, ou quase sempre, ganhava os troféus de produtividade do departamento, esforçava-se bastante e a recompensa não tardou a chegar.

Com dois anos e meio de empresa foi convidado a fazer uns testes de seleção, pois a empresa pretendia promover alguns operários a posições mais altas. Amaral saiu-se bem e sabia que as avaliações de seu desempenho sempre tiveram resultado positivo. Sua ficha no Departamento Pessoal era limpa. Não havia nada que o desabonasse.

Então, Amaral foi escolhido para ser treinado como supervisor. Muitos de seus colegas tinham muito mais tempo de empresa, fato que lhe causou orgulho e inveja dos demais. Após seis meses de cursos e estágio, ele foi promovido supervisor de produção, no maior departamento que existia na companhia.

Embaraçado pelo sucesso, ele resolveu fazer um curso superior de administração e a ler bastante sobre gestão empresarial. Um ano depois de ter terminado o curso, a alta administração achou que ele deveria ser promovido a gerente e, assim o fez. Isto o levou a superar os ressentimentos de seus amigos e ganhar o seu respeito. Sabia que, quando o operário é relapso e ganha uma promoção, ninguém lhe dá valor. Se os colegas sabem que é agressivo e firme, então passam a respeitá-lo.

Haviam lhe ensinado uma coisa extremamente importante: Agir com justiça, honestidade e transparência. Se um subordinado passa a relaxar seu trabalho, torna-se preciso adotar medidas disciplinares, pressionando-o, progressivamente, conforme a situação. Primeiro, é preciso argumentar e convencer. Depois, manter a cobrança. Não dando resultado, o caminho é a advertência. Em casos graves, como: roubo, briga e mau comportamento é necessária a dispensa do funcionário.

Amaral começou a pensar que quando era operário só pensava em seus próprios problemas, mas agora teria de agregar os problemas da empresa à sua vida. O papel a desempenhar não é mais o mesmo, portanto, ele tem de apresentar uma atitude gerencial. Assim, deve-se estar atento ao risco de errar, em função das mudanças que ocorrem no dia a dia.

Existem normas da empresa e elas precisam ser seguidas e é para isso que existem os diretores, pensou Amaral. Quanto à amizade, ele achou melhor manter certa distância, pois, quanto mais se conhece uma pessoa, mais difícil fica a distinção entre chefe e amigo.

Havia uma confusão na cabeça de Amaral quanto à maneira de agir com as pessoas, mas sempre considerou que as ordens da alta administração deviam ser as mais apropriadas, pois considerava que aquelas pessoas eram capazes pela posição que ocupavam e por sua formação. Ela adotou o seguinte lema: Ordens são ordens e ponto final.

3.17 Um Projeto Animal

Certa vez, os animais resolveram preparar seus filhos para enfrentar as dificuldades do mundo atual e, para isso, organizaram uma escola. Adotaram um currículo prático, que constava de corrida, escalada, natação e voo. Para melhorar o ensino, todos os alunos deveriam aprender todas as matérias.

O pato era exímio em natação (melhor que o seu professor) e conseguiu notas regulares em voo, mas era aluno muito fraco em corrida e escalada. Para compensar esta fraqueza ficava retido na escola todo o dia, fazendo exercícios extras. De tanto treinar corrida, ficou com os pés terrivelmente esfolados e não conseguia mais nadar como antes.

Entretanto, como o sistema de aprovação era a média aritmética das notas nos vários cursos, ele conseguiu ser um aluno sofrível e ninguém se preocupou com o fato, exceto, naturalmente, o pobre pato.

O coelho era o melhor do curso em corrida, mas sofreu tremendamente e acabou com um esgotamento nervoso de tanto tentar a natação.

O esquilo subia admiravelmente em árvores, conseguindo belas notas no curso de escalada, mas foi frustrado no voo, pois o professor o obrigava a voar de baixo para cima e ele insistia em usar os seus métodos, isto é, em trepar na árvore e saltar de lá para o chão. Ele teve que se esforçar tanto em natação que acabou por passar com a nota mínima em escalada, saindo-se mediocremente em corrida.

A águia foi uma aluna problema e severamente castigada, desde o primeiro dia do curso, porque usava métodos exclusivos dela para atravessar o rio ou trepar nas árvores. No fim do ano, uma enguia anormal, que tinha nadadeiras, conseguiu a melhor média do curso, e foi a oradora da turma.

Os ratos e cães de caça não entraram na escola, porque a administração se recusou a incluir duas matérias que eles julgavam importantes: como escavar tocas e como escolher esconderijos. Acabaram por abrir uma escola particular junto com marmotas e, desde o início, conseguiram grande sucesso.

3.18 Um Vendedor de Lavadeiras

Um vendedor de lavadeiras industriais, ao visitar um gerente de compras de uma outra empresa, se desempenhou muito bem quando descreveu o produto com perícia, exaltando as especificações do produto, seu alto grau de qualidade e confiabilidade. Ressaltou também possuir preços e prazos bastante competitivos e que seu serviço de assistência técnica era um dos melhores.

Durante a visita, os gerentes de venda e de produção entraram no escritório do comprador da empresa, depois das devidas apresentações e de terem sido informados a respeito da lavadeira industrial e sua linha de produtos, os gerentes perguntaram ao vendedor o seguinte:

Até que ponto sua empresa estava preparada para compras recíprocas?

Durante quantos anos a companhia do vendedor garantiria o suprimento de partes e sobressalentes depois que o modelo fosse descontinuado?

O vendedor ficou sem resposta, porque não o haviam preparado para tal situação. Mais tarde, durante uma reunião, o vendedor relatou o incidente ao seu supervisor e disse que gostaria de não mais passar por um momento semelhante e que poderiam advir outros tipos de perguntas, que talvez não pudesse responder.

O gerente de vendas, presente à reunião, perguntou por que o vendedor não telefonou para esclarecimentos. O vendedor justificou o ato, dizendo que durante o treinamento que teve, nada a respeito foi ventilado e achou que uma decisão desta poderia comprometer a cadeia de comando, já que seu supervisor estava em lugar ignorado.

Não se conformando com a resposta do vendedor, o gerente de vendas achou por bem averiguar, porque desde que o supervisor assumiu o cargo, há um ano, as vendas despencaram.

Outro fato que foi comunicado ao gerente, através do Departamento de Recursos Humanos, é que estava havendo uma rotação de vendedores maior que a média histórica da empresa, sendo que as alegações na entrevista de saída eram a de que o supervisor não aceitava sugestões e impunha suas ideias, que nem sempre eram as mais adequadas à situação.

Um fato também observado nestas entrevistas é de que o supervisor se vangloriava de ter uma larga experiência no setor de vendas, sempre dizendo em alto e bom som: *Não há mais nada que eu precise aprender.*

O fato foi levado à diretoria que resolveu despedir o supervisor e reformulou o treinamento dos vendedores e seus canais de comunicação.

3.19 Lojas Vitória

Lojas Vitória Ltda. são uma cadeia de lojas espalhadas em diversos pontos do Rio de Janeiro. Em função da economia do país, a empresa decidiu desenvolver estratégias capazes de incentivar a demanda de certos produtos de massa. Tal atitude foi fundamentada nas recomendações das Associações Patronais que, por levantamento do perfil socioeconômico da população, enfatizou que sofisticação exagerada conflitava com a capacidade de aquisição do cidadão comum brasileiro. A indústria investiu pesado na produção de produtos de massa e, logo, o comércio seguiu a estratégia.

A diretoria das Lojas Vitória resolveu se antecipar às ameaças do mercado. O diretor de marketing, Paulo Costa, apresentou, numa reunião de diretoria, a estratégia a ser adotada, fundamentada nas seguintes decisões:

- Manter baixo o nível de estoque.
- Emitir relatórios diários, para saber quais os produtos são mais vendáveis e quais os menos, para com isso fazer pedidos de reposição.
- Pesquisar o confronto preço baixo vs marca.
- Implantar uma política de desconto em função do volume vendido e das condições de pagamento.
- Implantar um sistema de crediário próprio com isenção de juros até quatro meses.

Após a exposição da estratégia e seus objetivos, algumas dúvidas foram levantadas, tais como:

- Sobrecarga do departamento de compras, porque teria de fazer pedidos menores e mais frequentemente.
- Possíveis atrasos pelos fornecedores.
- Problemas de distribuição de produtos às lojas.
- Elevação dos custos operacionais relativos à função controle.
- Para compras menores as indústrias dariam descontos menores.
- Possíveis atrasos nas entregas pelos fornecedores poderiam deixar prateleiras vazias.
- Um sistema de crediário próprio implicaria num sistema de informações que a empresa não estava preparada.
- Os riscos de inadimplência afetariam os lucros, fazendo com que as lojas não pudessem vender com uma pequena margem de lucro.
- O preço de venda teria de ser maior.
- A movimentação dos consumidores cativos diminuiria em função do período do crediário a ser coberto.
- A rotação do estoque seria menor, fazendo com que o retorno do investimento viesse a cair.

Paulo estava consciente de que os novos tempos exigiriam novas políticas e estratégias da empresa para se ajustar às novas condições ambientais. Porém, a diretoria, no decorrer da reunião, não concordou com as proposições de Paulo, pois aquilo tudo parecia uma faca de dois gumes. Tanto poderia auxiliar nas vendas, como também poderia prejudicar a empresa e influenciar, negativamente, os resultados.

As mudanças exigiriam um planejamento estratégico, pois seriam necessárias modificações estruturais. A direção da empresa incumbiu o diretor de marketing de apresentar um plano. Ao voltar para sua sala, Paulo estava confuso.

3.20 Metalúrgica Norma

A Metalúrgica Norma é uma empresa que fabrica tanques para combustíveis. Produz exclusivamente para atender sua carteira de pedidos. Assim, cada produto deve ser projetado para atender especificações próprias. A alta administração da empresa é composta de um presidente, Fernando Carvalho, um diretor financeiro, Paulo Melão e um diretor industrial, Anderson Costa.

Anderson é um engenheiro mecânico de 45 anos de idade, amigo do presidente. Ambos são de opinião que nenhum funcionário é digno de confiança. Eles acham que empregados são vadios e desonestos, e que precisam de supervisão cerrada.

Nelson Pereira, bacharel em Administração, não concorda com este ponto de vista. Nelson tem 38 anos e é o único diretor que não tem participação no capital social da empresa. Tem fama de defender melhores condições para os funcionários, desde que assumiu a chefia do Departamento de Recursos Humanos, quando passou a se inteirar dos problemas do pessoal da fábrica.

Anderson é o mais novo diretor da empresa. Foi nomeado há pouco mais de dois anos, tendo antes trabalhado como gerente de produção de uma grande indústria química.

Logo que assumiu o cargo, Costa percebeu que existia na organização um grande número de equipes formadas de seis funcionários sob a chefia de um mestre, cada equipe trabalhava em um ou dois projetos de cada vez. Quando havia um problema, como a falta de matéria-prima, por exemplo, as pessoas de um projeto eram remanejadas para um outro.

As atividades eram sempre não repetitivas, envolvendo a equipe em tarefas diferentes e especializadas. Anderson achava que tal sistema de trabalho atrapalhava o planejamento e controle da produção. Além disso, como as turmas gozavam de um excesso de autonomia na execução do trabalho, apresentavam baixa produtividade.

A empresa tinha aprovado um plano de ampliação da produção e a implantação de novas tecnologias. Após um ano, o número de funcionários dobrou e isto fez com que os funcionários antigos ficassem sobressaltados pelo risco de demissão. Este abrupto aumento de mão de obra fez com que os antigos passassem a ensinar aos novatos o serviço, acontecendo uma queda da produção e da qualidade do produto acabado.

Em certa ocasião, Anderson ouviu o chefe da comissão de fábrica dizer: Por que vocês contrataram tantas pessoas, se nós podemos trabalhar mais e melhor? O diretor industrial entendeu que os operários poderiam trabalhar mais e não o faziam por falta de vontade. Assim, Anderson aproveitou a situação para aumentar as equipes para vinte pessoas subordinadas a um único mestre, que não precisaria mais trabalhar diretamente na produção, mas apenas na supervisão.

O planejamento e controle da produção ficariam totalmente a cargo do escritório e todas as tarefas passariam a ser escrupulosamente definidas, detalhadas e mensuradas em termos de tempo. O mestre teria todo o tempo para disciplinar os operários. Como tal método havia dado bons resultados na empresa em que trabalhara antes, Costa acreditava que aumentaria a produtividade e enxugaria custos.

O diretor industrial tem fama de ser um administrador duro e voltado quase que exclusivamente para a produção. Montou um manual de medidas disciplinares (suspensões e demissões). Um outro aspecto a ressaltar é que ele mantém muita distância em relação aos funcionários, conversando apenas assuntos de trabalho. O novo sistema, bem como as sanções, não foi aceito, principalmente, pelos antigos funcionários. A comissão de fábrica tentou contato com o diretor-industrial.

O relacionamento, entre a alta administração e os funcionários, sempre foi relativamente bom e todos os conflitos eram solucionados no âmbito da empresa. Por isso, a diretoria da Metalúrgica recebeu com espanto um manifesto do sindicato da classe, denunciando as barbaridades cometidas na empresa.

O sindicato também acusou o pagamento de salários baixos, de dar condições insalubres de trabalho, de controlar rigidamente as pessoas e de exigir uma produtividade muito acima do padrão de mercado. Tal manifesto foi distribuído não só entre os funcionários da Metalúrgica como também para outras empresas.

Nelson Pereira não concordou com as acusações, classificando-as de injuriosas. Principalmente porque muitas destas não eram verdadeiras. Os salários da empresa, por exemplo, sempre foram equiparados à média do mercado. As condições ambientais de trabalho eram bastante satisfatórias. O modelo empregado era igual ao das concorrentes do mesmo setor. As exigências de produção eram baseadas em tempos padrões estimados por uma empresa de consultoria.

3.21 Casa Barbosa

Alexandre, após ter concluído o 2º grau, resolveu procurar emprego e, então, folheou os jornais da cidade, deparando com um anúncio da Casa Barbosa que pedia um jovem para o cargo de vendedor e sem experiência no ramo. A Casa Barbosa vende artigos finos para homens. Bem localizada no centro comercial da cidade, a loja conseguia bons resultados e já estava operando há cerca de vinte anos, tendo uma clientela cativa e também atendia consumidores eventuais que lá passavam.

Alexandre se apresentou na loja e foi encaminhado ao Sr. Barbosa, dono e gerente da loja. Este o levou ao seu escritório para uma entrevista. Uma das primeiras perguntas feitas pelo Sr. Barbosa foi se o jovem possuía alguma experiência de comércio. Alexandre respondeu que estava se candidatando ao cargo, exatamente, porque o anúncio frisava: "sem experiência". O gerente disse ser isto mesmo o que ele estava procurando, explicando ser ele mesmo quem treinava os vendedores e tinha que ensinar alguns "truques" em vendas.

A entrevista continuou por mais uns vinte minutos, quando o dono da loja pediu a Alexandre providenciar alguns documentos e se quisesse podia começar naquele dia mesmo. Este aceitou, mas ficou intrigado com aqueles "truques" que aprenderia. Foi apresentado aos colegas de trabalho que mostraram a loja e como proceder no atendimento aos fregueses.

Carlos, um vendedor que trabalhava há mais tempo na loja, foi indicado a ensinar o serviço a Alexandre. Passado uma semana, este começou a atender consumidores, mas também notou certos hábitos de negociar que ele não gostava, pior, seus colegas estavam sempre elogiando o Sr. Barbosa por seus "truques" para vender mais.

Um dia, entrou um freguês e perguntou se o chapéu encomendado já tinha chegado. O Sr. Barbosa respondeu que deveria chegar no sábado. Quando o freguês saiu da loja, os rapazes se entreolharam e o dono da loja disse: Bem rapazes, nós vamos lhe dizer no sábado. Alexandre não compreendeu e, por isso, perguntou: Dizer o quê? Carlos explicou que eles haviam prometido um modelo de chapéu ao cliente, fazendo parecer um pedido especial à fábrica. Porém, tal pedido nunca fora feito.

Quando o freguês retornasse à loja, no sábado, eles diriam que não conseguiram e, provavelmente, o mesmo se sentiria na obrigação de comprar um outro modelo, devido ao esforço demonstrado pelo pessoal da loja.

Todo dia, Alexandre observava os rapazes em ação e ficava imaginando sobre os seus sorrisos orgulhosos cada vez que eles enganavam algum consumidor. Os "truques" mais bem imaginados obtinham um elogio especial do Sr. Barbosa. Se os fregueses pudessem ouvir o que se dizia depois de sair da loja, jamais retornariam.

Então, Alexandre resolveu perguntar ao Sr. Barbosa sobre aqueles métodos para contornar objeções para vender. Este disse que o dia a dia ensinaria como agir e, como era um rapaz inteligente, logo, perceberia a importância de ter jogo de cintura e flexibilidade, quando atendesse os fregueses.

Acontece que estes métodos conflitavam com os princípios éticos de Alexandre e pensou em falar com o dono a respeito. Achou não valer a pena, pois não iria modificar o sistema e, com certeza, perderia o emprego.

Numa roda de amigos, Alexandre relatou: Um dia, estava mostrando a uma senhora idosa alguns agasalhos para seu marido, ela queria o melhor artigo em algodão, pois seu marido era alérgico à lã. Eu tive de ir ao depósito para procurar. O Sr. Barbosa e Carlos estavam trabalhando lá e ofereceram ajuda.

Quando expliquei o problema, o dono da loja apanhou um agasalho e arrancou a etiqueta 100% lã e disse: Dê-lhe este, porque essas mulheres só querem ser diferentes. Devolvi o agasalho e disse que se ele quisesse mentir ao freguês, isto era da sua conta, mas eu não o faria. Saí da loja e fui beber um refrigerante. Fiquei no bar algum tempo e decidi voltar para ver o que aconteceria. Não estava mais preocupado com o emprego.

Quando entrei na loja o Sr. Barbosa e Carlos se desculparam comigo e disseram que havia acontecido um mal-entendido, pois aquelas artimanhas faziam parte do negócio e realmente não prejudicavam ninguém. Aí eu disse: A mulher falou que o marido era alérgico. Nada foi dito.

Alexandre não foi mais pressionado a enganar os consumidores, entretanto, se sentia um peixe fora do aquário. Tentou entender que seus colegas não eram pessoas desonestas e que utilizavam tais artifícios para vender mais e, via de consequência, terem um salário maior. Mas como deveria se conduzir num ambiente assim? Que tipo de concessões teria de fazer? Quantos comerciantes colocam a ética de lado?

3.22 Farmo Ind. & Com.

Há aproximadamente dois anos, Antônio Vilela foi promovido gerente de vendas da Farmo Ind. & Com. S.A., indústria farmacêutica com remédios para o trato respiratório. Durante estes anos se preocupou com o volume de faturamento e com a redução de custos de seu departamento.

O departamento de vendas tem escritórios em todas as grandes capitais do país, cada qual com um gerente e diversos vendedores. Estes têm por tarefa entrar constantemente em contato com médicos da especialidade pulmonar, farmácias, hospitais e clínicas, além de ambulatórios em empresas.

Vilela, frequentemente, visita as filiais para acompanhar os problemas de cada uma, decidir sobre políticas a serem adotadas e buscar soluções eficientes e eficazes. O diretor de marketing da empresa, certo dia, chamou Vilela ao seu gabinete para lhe dizer que a rentabilidade da empresa estava em declínio e que, segundo pesquisas realizadas, a tendência do mercado era de retração e que, portanto, precisariam tomar medidas para evitar um mal maior.

O diretor solicitou que procurasse utilizar as mais avançadas formas de conseguir chegar a uma maior produtividade de seu pessoal e que talvez fosse interessante ler a respeito de novas técnicas administrativas e se envolvesse com a produção para tomar conhecimento dos métodos de custeio.

Solicitou também que eliminasse toda e qualquer forma de desperdício de recursos e de tempo. O diretor lembrou que a recessão levaria a uma queda nas vendas e a problemas de cobrança, já que também previa alguns atrasos nos pagamentos por parte dos distribuidores. Tempos ruins viriam pela frente e tornava-se necessário preparar a empresa para enfrentar os problemas com armas adequadas.

O diretor de marketing entregou um livro de sua autoria a Vilela, livro este sobre Administração de Marketing, e recomendou especial atenção a determinados capítulos. Falou que estava aventando a possibilidade de um novo endereço na Internet e que gostaria de promover os produtos da empresa, utilizando uma estratégia de marketing direto em rede.

Vilela, impressionado com as recomendações do seu diretor, procurou, de imediato, fazer algumas pesquisas sobre o trabalho dos vendedores, constatando o seguinte:

a) O tempo total gasto de deslocamento entre clientes correspondia a 40% da jornada de trabalho.
b) Cerca de 15% do tempo é gasto nas salas de espera dos médicos, tanto para consultórios como para hospitais.
c) Cerca de 10% do tempo é gasto nas farmácias, devido haver outros vendedores de laboratórios concorrentes.
d) Cerca de 10% do tempo era gasto em conversas com pessoas que não tinham o poder de decidir sobre a compra.
e) Cerca de 10% do tempo era gasto para atender necessidades próprias.
f) Cerca de 15% do tempo era gasto para atender efetivamente àquele que recomendaria o remédio ou que tivesse o poder de decisão da compra, no caso das farmácias, hospitais e assemelhados.

De posse destes dados, Vilela percebeu e ficou aterrado com o que poderiam pensar de seu departamento, se aqueles dados chegassem à diretoria. Provavelmente, ele seria considerado como campeão da ineficiência. Aquilo teria de ser modificado. Mas como?

3.23 Gama Industrial

A Gama S.A. é uma empresa de porte médio que experimentou um rápido crescimento após 1999, a ponto de enfrentar sérios problemas decorrentes do seu próprio crescimento. Um dos problemas cruciais residia no sistema de controle orçamentário, totalmente aleatório, que a empresa sempre utilizara. Como o número de departamentos havia aumentado, os efetivos de pessoal praticamente dobraram, para dar conta do volume de produção necessário, a fim de atender às vendas da empresa.

Com isso tudo, as despesas financeiras sofreram um crescimento que, somadas à tributação, deixavam o gerente financeiro de cabelos brancos. Este procurou os gerentes de venda e de produção, a fim de alertá-los para a necessidade de novos esquemas de planejamento e controle.

Em uma demorada reunião, os três resolveram o seguinte: O gerente de vendas elaboraria uma previsão de vendas, mês a mês, cobrindo o ano, com referência a cada produto da empresa. Com a previsão de vendas, o gerente de produção faria o planejamento e controle da produção, igualmente mês a mês, em relação a cada produto a ser fabricado.

A seguir, faria um gráfico de explosão de cada produto para relacionar seus componentes e matérias-primas. E, com isto, faria uma programação de compra desses itens, de modo a que estivessem disponíveis, no estoque, no momento de sua fabricação, conforme o planejamento da produção.

Com a previsão de vendas, o gerente financeiro deveria multiplicar o número de produtos a serem vendidos, em cada mês, pelos seus respectivos preços de venda e, como isso, estabelecer a previsão de faturamento. Ao mesmo tempo, deveria calcular os custos, em função da previsão de vendas.

Com o planejamento da produção, o gerente financeiro deveria estabelecer os valores de despesas de produção. Além disso, deveria elaborar o planejamento e controle orçamentário de toda a empresa, além da fabricação.

Cada departamento deveria elaborar uma planilha composta para os doze meses do ano, onde deveriam constar todas as principais contas. Ao receber os orçamentos de despesas de todos os departamentos, o gerente financeiro deveria montar o orçamento geral da empresa.

Realmente, a reunião fora bastante acalorada, onde se falou de muita coisa, principalmente, no fato de que a Gama S.A. estava ao sabor dos ventos, sem saber para onde ir, pois faltavam planos que permitissem controles adequados.

O gerente financeiro foi incumbido pelos colegas de montar um plano, para que estes pudessem apresentá-lo ao presidente da empresa, que, certamente, iria fazer várias perguntas. Em sua sala, o gerente financeiro ficou pensando como colocar tudo aquilo no papel e como comunicar adequadamente suas ideias.

3.24 Indústria Madeira

O gerente geral, Jairo Rocha, da Indústria Madeira S.A. é um homem preocupado em vender. Não quer perder uma venda, seja ela grande ou pequena. Não dá a mínima para os trâmites administrativos da empresa, dizendo se tratar de burocracia inútil. Funções administrativas? Nem passam pela sua cabeça. O importante é faturar, mesmo de forma desordenada. Os resultados precisavam vir rápidos e imediatamente.

Rocha, diante dos resultados da sua força de vendas, tratava os conflitos entre departamentos com desprezo e achava que toda organização tinha de se adaptar ao seu estilo. O setor de faturamento tinha sempre atritos com os vendedores devido à pouca importância que estes davam ao preenchimento dos pedidos que eram recheados de erros e, por via de consequência, afetava a emissão de notas fiscais.

O departamento de produção tinha, a todo momento, de alterar prazos de entrega, atender ordens de afogadilho para clientes preferenciais. Uma outra briga com a produção era a questão da produtividade em detrimento da qualidade.

Rocha não tinha preocupação com planilhas de custo, preço de venda, margem de contribuição e lucro. Devido a sua grande amizade com o presidente, parecia como alguém intocável. Um outro aspecto a ressaltar é que era muito querido entre os funcionários. Era o tipo autocrata patriarcal. Era líder inconteste na empresa e por isso tinha acesso a todos os canais internos da empresa e, costumeiramente, quebrava a cadeia de comando.

Em certo dia, Rocha pediu demissão da empresa, pois havia recebido uma herança e pretendia se dedicar à criação de gado leiteiro, seu sonho de menino. Durante o período de admissão do novo diretor geral, o presidente, através de reuniões, soube dos fatos ocorridos no passado.

Agora, em maiores detalhes e, depois de diversos encontros com os chefes de departamento, resolveu contratar alguém que pudesse organizar a companhia. O novo contratado, Antônio Almeida, era especialista em Análise de Sistemas, sendo formado, também, em Administração. Logo começou a trabalhar para estruturar toda a empresa, verificando políticas, atividades, procedimentos, tarefas, rotinas, formulários, relatórios e planos.

Todos na empresa esperavam que ele começasse a estruturar o Departamento de Vendas. Mas, não o fez. Almeida era muito formal, gostava de dar ordens e não sabia ouvir as pessoas. Sua missão foi tão levada a sério que passou a examinar minúcias.

Tal procedimento causou profunda consternação do pessoal que não via na eficiência extremada um caminho a se chegar à eficácia, isto é, atingir objetivos de venda, para manter a empresa funcionando. Como não estava habituado a comandar um grupo muito grande de pessoas, começou a criar níveis hierárquicos cada vez mais e assim se isolou do resto do grupo.

O descontentamento por parte dos empregados não tardou a aparecer, principalmente, daqueles que admiravam a luta do gerente anterior para manter a amizade do pessoal, apesar da desorganização reinante.

O resultado é que sem motivação o departamento de vendas passou a faturar menos, o número de visitas a compradores diminuiu, porque os vendedores passavam a se preocupar com o preenchimento de formulários, relatórios e questionários de pesquisa. Sem nada entender de produção, passou a dar palpites, fazendo com que este departamento entrasse em colapso.

Enquanto, o gerente geral anterior procurava incentivar o pessoal pagando horas extras, o segundo tratou de abolir tal prática, fazendo com que a fábrica trabalhasse no horário normal para uma indústria.

Os chefes de departamento se reuniram e decidiram reclamar ao presidente, mostrando que o excesso de burocracia acabou com a iniciativa, liberdade e criatividade no trabalho. O presidente disse que eles haviam pedido um organizador e não um vendedor.

3.25 O Produto X

Há vários anos, a alta administração de uma empresa com capital de milhões de dólares resolveu que o produto X era um fracasso e devia ser descartado. As perdas incluíram mais de uma centena de milhares de dólares. Mas, o que aconteceu? Pelo menos, cinco pessoas sabiam que o produto X deveria ser descontinuado, seis anos antes da decisão de parar a produção do mesmo.

Três delas eram gerentes de produção, que viviam em contato permanente com os problemas de fabricação. Os outros dois eram funcionários de marketing que perceberam que os problemas não seriam resolvidos sem gastos, que elevariam o preço do produto ao ponto em que o mesmo não pudesse mais fazer concorrência no mercado.

Existem vários motivos pelos quais esta informação não chegou antes aos superiores. De início, os subordinados acreditaram que com um trabalho bastante árduo, eles poderiam mudar os fracassos em êxitos. Porém, quanto mais se esforçavam, mais percebiam a grandeza do erro inicial. A tarefa seguinte era a de comunicar as más notícias aos superiores de modo que fossem ouvidas.

Eles sabiam que, em sua empresa, as más notícias não seriam bem recebidas nos altos escalões, se não fossem seguidas de sugestões para uma ação positiva de correção. Também sabiam que a alta administração estava descrevendo de modo entusiasta o produto X como um novo líder de mercado. Portanto, passaram muito tempo escrevendo memorandos, sem abalar a direção da empresa.

Por outro lado, a gerência intermediária leu os memorandos e os achou francos demais para ser verdade. Uma vez que eles haviam feito estudos de marketing e produção que resultaram na decisão de produzir o produto X. As comunicações vindas da gerência inferior colocavam em jogo a validade da análise feita por eles.

Pediam tempo para verificar realmente essas previsões sombrias e para projetar estratégias alternativas. Se essa informação pessimista deveria ser enviada aos superiores, a gerência intermediária queria que a mesma fosse acompanhada de alternativas otimistas de ação. Foi essa a causa do maior atraso.

Uma vez que a gerência intermediária ficou convencida de que as previsões sombrias eram válidas, começaram a dar más notícias para os superiores, porém, em doses bem medidas. Controlaram as notícias com cuidado, tendo certeza que elas seriam encobertas, sem que a alta administração se contrariasse.

A tática que usaram foi a de cortar os comunicados de forma drástica e resumir os "achados". Argumentavam que os cortes eram necessários, porque a diretoria estava sempre se queixando por receber longos relatórios.

De fato, alguns diretores chegaram a dizer que um bom memorando devia ter uma página ou ainda menos. O resultado foi que a diretoria recebeu as informações pela metade, subestimando a gravidade do problema e superestimando o grau em que a gerência estava controlando o problema.

Portanto, a diretoria continuou a falar, sobriamente, do problema, em parte para garantir que obteria apoio dentro da empresa. A gerência intermediária ficou confusa e até deprimida, porque não conseguia entender esse apoio permanente da diretoria, nem por que os estudos eram solicitados para avaliar as dificuldades de produção e de marketing se já haviam identificado o problema.

A reação da alta administração foi reduzir o número de trocas de informações e o grau de alarde, lançando ao mesmo tempo a responsabilidade do problema na gerência intermediária.

Quando os gerentes de produção, por sua vez, foram indagados pelos mestres e empregados sobre o que estava ocorrendo, a única resposta que davam era que a empresa estava estudando a situação. Essa informação perturbou os funcionários da empresa e fez com que começassem a se preocupar com os rumos da mesma, achando que a transparência fora deixada de lado, e, pior, começaram a imaginar que outras "bombas" seriam arremessadas no futuro.

3.26 Química Estrela

A Química Estrela é uma indústria com um faturamento anual de 200 milhões de dólares. Devido à concorrência e baixa nas vendas, passou a operar com capacidade instalada ociosa. Os compradores que atuam no mercado industrial baseiam suas escolhas em preço, prazo e atendimento, não sendo consumidores leais.

A Estrela foi uma empresa muito lucrativa no passado, mas devido à instalação de novas fábricas seus preços de venda começaram a se situar acima do preço de mercado. Isto afetou o lucro e os sócios começaram a pôr a culpa na alta administração da empresa. Numa reunião de acionistas, foi aventada a hipótese de a Estrela atuar não só no mercado de recursos como também no mercado de consumo final.

Com esta decisão a empresa poderia agregar valor a seus produtos e, provavelmente, teria preços competitivos nos dois mercados. Mas por que a Estrela não havia embarcado nesta ideia no passado? A explicação era a de que faltava experiência no marketing de consumo, não havia surgido um novo produto que realmente trouxesse inovações relevantes e, finalmente, a empresa não possuía uma marca nacional conhecida pelos consumidores.

Apesar dessas limitações o Departamento de Pesquisa e Desenvolvimento resolveu propor uma linha de produtos orgânicos a base de cloro para atuar como alvejante, germicida e oxidante. Numa pesquisa de gabinete (sites de busca) constatou-se que o mercado de produtos para piscina estava crescendo e que o produto poderia ter um melhor preço e uma qualidade superior.

A administração achou interessante a ideia e optou pela nova experiência. Também era sabido que existiam muitas piscinas em residências, hotéis, clubes e escolas. Uma outra observação é que a maioria das piscinas se encontra em regiões quentes.

Os proprietários de piscinas, ou seus administradores, adquiriam seus suprimentos através de lojas de departamentos, lojas de ferragens, lojas de artigos de jardinagem, lojas de artigos de especialidades para piscina e empresas de serviços de limpeza.

Para o novo produto foi criada uma comissão composta dos seguintes gerentes: vendas, pesquisa de produto, pesquisa de mercado e propaganda. A equipe de vendas, como não tinha experiência em vender para o varejo, informou que ela deveria ser mantida sem modificações e que fosse criada uma nova força de vendas para a nova linha de produtos ou que o trabalho fosse feito por intermediários.

A comissão tinha ainda que decidir sobre: Que marca utilizar? Marca própria? Marca do varejo? Que canal selecionar? Que mercados atuar? Quanto de propaganda seria necessária? Qual o montante de investimento? Qual a margem de lucro? Qual seria o preço de venda? Seria possível adquirir experiência no curto prazo?

Embora as dúvidas fossem muitas, a Estrela estava mesmo é preocupada com a distribuição da nova linha de produtos.

3.27 Reno Indústria e Comércio

A Reno é uma empresa que atua na representação, comercialização e distribuição de bebidas, roupas e cosméticos. A empresa tem fatias do mercado interno (40%) e do mercado externo (10%). Sua linha de cosméticos é a que mais vende, seguida por bebidas, roupas masculinas e roupas femininas.

Seu faturamento anual é de 50 milhões de dólares, tendo a seguinte participação: 50% para cosméticos; 35% para bebidas e 15% para roupas. Seu domínio da tecnologia digital da informação pode ser considerado atualizado, sendo que a maior ênfase tecnológica é dada ao setor de cosméticos, em função do faturamento.

A Reno é uma empresa agressiva, com uma boa distribuição de seus produtos e por seu apoio ao serviço pós-venda. A empresa procurou adotar uma administração por carteira, dividindo a companhia em unidades estratégicas de negócios. Esta estratégia, como não foi bem planejada, provocou elevado nível de disputa de resultados entre as divisões.

A alta direção acredita que estes conflitos se originaram da falta de objetivos claros, porque sua formulação não foi transparente e participativa. Um outro aspecto a ressaltar é o não engajamento do pessoal da média administração, tendo em vista não serem remuneradas, em função dos resultados, já que recebem salários fixos.

O presidente da empresa convidou estes executivos a se tornarem sócios minoritários, o que não foi aceito, pois entenderam que assumiriam riscos para os quais não estavam preparados. Esta precaução está relacionada ao baixo nível no delineamento de políticas econômicas do governo, o que tem gerado uma série de mutações ambientais, as quais têm prejudicado qualquer tentativa de desenvolver e implementar um plano estratégico.

As soluções dos problemas têm sido feitas na base do "apaga incêndio", o que tem gerado um nível de descontentamento e angústia nos empregados. As expectativas começaram a soar como falsas e o comportamento das pessoas passou do civilizado para o agressivo.

O presidente da empresa marcou reunião com seus diretores, para discutir a situação, solicitando que estes trouxessem dados relevantes para a consolidação de uma administração estratégica.

3.28 Tecelagem Criativa

A Tecelagem iniciou suas atividades, há aproximadamente meio século, importando máquinas da Europa e logo se firmou como um fabricante do ramo, sempre trabalhando para ter uma imagem confiável.

Acontece que a Tecelagem era uma fábrica de um único produto, um tecido de algodão na cor branca muito forte e cujo processo de fabricação não exigia grandes conhecimentos técnicos.

No entanto, desde o início houve preocupação com a qualidade de seu produto. Era importante que o tecido tivesse um bom acabamento e uma grande resistência mecânica. O nome do produto foi batizado por cotton. O cotton é, geralmente, utilizado para confeccionar uniformes, roupas de cama, jalecos e aventais. O produto é fabricado em duas medidas de largura, com comprimentos variados. É vendido por peças totalmente colocado junto ao distribuidor atacadista.

No início da década de 1970, as grandes fábricas de tecidos, no Brasil, voltaram-se para o mercado internacional. Com isso, a Tecelagem aumentou sua fatia no mercado interno. Uma observação importante foi constatada: seus concorrentes operavam com maior quantidade de teares, porém máquinas defasadas tecnologicamente. Assim, a produtividade da empresa era maior, em geral, que as concorrentes. A Tecelagem tinha uma situação financeira boa e seu produto tinha um bom preço no mercado.

Com o fim do "milagre brasileiro", os grandes da indústria têxtil voltaram-se para o mercado interno, fato que abalou a empresa, porque houve grande oferta e os preços despencaram. Aí, procurou sair da linha única de produto e passou ela mesma a confeccionar lençóis e fronhas. Continuou a utilizar o mesmo canal de distribuição, isto é, vendia para atacadistas. Não demorou muito tempo para que a concorrência passasse a agir da mesma forma.

Devido ao acontecido a Tecelagem passou a vender diretamente ao varejo e com um preço de venda menor. Depois de algum tempo, a concorrência, também, mudou o canal de distribuição. Ela passou a produzir lençóis e fronhas coloridos. Estes produtos eram vendidos a um preço maior e o problema era medir o potencial de mercado, porque todo mundo na ocasião usava lençóis e fronhas lisos, na cor branca, rosa e azul, mas coloridos (diversas estampas) não era habitual.

A empresa achou que produtos como estes levariam algum tempo para se implantarem.

A partir do momento que a Tecelagem passou a fabricar produtos acabados teve de dar uma solução para as sobras de difícil aproveitamento. Assim, resolveu comercializar os retalhos, vendendo-os a quilo, já que estes materiais representavam 12% da produção total. A empresa começou a vender as sobras às lojas de retalhos a um valor abaixo do custo, justamente para fazer dinheiro e aliviar espaço na fábrica.

Como a criatividade foi sempre o seu forte a companhia achou um meio melhor de aproveitamento dos retalhos, montando uma linha de fabricação de rodas polidoras, uma espécie de polia com encaixe especial para ser utilizada com um motor elétrico. O sucesso deste novo produto foi tão grande que, além de utilizar todas as sobras, teve de comprar retalhos de outras empresas.

A demanda da indústria metalúrgica era grande por rodas para polimento e isto fez com que a Tecelagem baixasse o custo dos lençóis e fronhas, derivando daí um preço de venda menor que o da concorrência. Porém, a experiência tem demonstrado, que após ter tomado certas iniciativas com relação a produtos, as empresas do ramo copiam.

Preocupada com sua sobrevivência a empresa sempre, nas reuniões, solicitava novas ideias de como agregar valor aos seus produtos.

Em uma dessas reuniões, um gerente disse que a fábrica deveria importar máquinas mais modernas, controladas por computadores, onde as perdas eram mínimas e, também, a fim de enxugar custos, já que era sabido que a empresa não poderia manter esta vantagem competitiva por muito tempo. Houve um consenso de que também não é possível agregar valores indefinidamente.

3.29 Tecidos Populares

Alexandre Costa é hoje o diretor geral de uma empresa fabricante de tecidos e se achava um homem de sucesso. Havia fundado uma fábrica há quarenta anos e logo depois mais uma para atender uma demanda cada vez mais crescente. Contava com duas fábricas e com profissionais considerados por ele como competentes.

A empresa tem um diretor industrial, Pedro Neiva, um gerente de produção da fábrica A, Alfredo Quinta, um gerente de produção da fábrica B, Jorge Ribeiro, um gerente administrativo e financeiro, Atila Ferreira e um gerente comercial, Nelson Pereira.

O diretor industrial, um homem sem formação acadêmica, foi mantido no cargo devido a sua vasta experiência e conhecimento, e porque, também, ajudou Alexandre a fundar e iniciar os trabalhos da empresa. Pedro era também conhecido pelo seu alto nível de resistência às mudanças e inovações, principalmente, no que se relacionava ao comportamento dos funcionários.

O gerente de produção da fábrica A, um engenheiro industrial, era muito bem relacionado com a diretoria pelos resultados que obtinha, devido a sua preocupação com produtividade e eficiência. Alfredo conduzia o pessoal segundo o regulamento, tratava os funcionários de forma autocrática, punindo-os por conversas, atrasos e faltas. Quem reclamasse corria risco.

O gerente de produção da fábrica B, um administrador, não compartilhava das mesmas ideias do diretor industrial a quem se reportava. Ribeiro, por ter uma formação humanística, não concordava com os métodos de trabalho e achava que eles poderiam ser melhorados. Geralmente falava com os funcionários sobre os objetivos da organização para que os mesmos se tornassem mais eficazes e se conscientizassem que, atingindo metas, as fábricas teriam bons lucros que poderiam ser traduzidos em melhores condições de vida. Ribeiro não conseguia autorização de Pedro para introduzir mudanças.

O gerente financeiro, homem bastante ortodoxo, considerava o dinheiro a coisa mais importante do mundo. Achava que, em finanças, não se podia cometer erros.

O gerente comercial, um administrador especializado em marketing, era ferrenho defensor do trabalho em equipe e da delegação. Pereira achava que o sucesso de sua organização de vendas repousa no ambiente extremamente liberal e amistoso que reina entre seus subordinados.

Frequentemente, faz reuniões com todo o seu pessoal e incrementa o espírito de equipe e a troca de ideias e experiências entre vendedores e o pessoal das seções de faturamento e expedição. Todavia, acha que não deve interferir nas demais áreas, pois não crê na mudança do sistema.

Alexandre, ao longo dos anos, tomou conhecimento das inúmeras reclamações. Agora, aos sessenta anos passou a entender que a empresa deve servir também aos seus funcionários e a comunidade, já que sua fortuna derivou destes. Pensa em reunir seus diretores para discutir o problema. Sabe que encontrará resistência e não está suficientemente esclarecido como tomar a decisão acertada.

3.30 Uma Viagem à Europa

Nelson, nos últimos dez anos, tem se dedicado a escrever livros didáticos do campo da Administração & Negócios, depois de ter sido engenheiro, administrador e professor universitário. Tem 71 anos. Recentemente fez uma viagem à Europa, durante quinze dias, quando teve a oportunidade de observar o comportamento das pessoas, sob o aspecto da comunicação. Talvez, porque venha estudando o assunto para incrementar a segunda edição de seu livro *Comunicação Empresarial*.

A primeira e mais aguda dificuldade é como se comunicar para comer, já que os cardápios são escritos na língua local, com raras exceções também na língua inglesa. Nelson, por ter trabalhado em duas empresas estrangeiras, aprendeu a se comunicar em francês, inglês, italiano e espanhol. Mas, em muitos momentos, sentiu dificuldade e teve de comer sanduíches nos restaurantes dos hotéis ou nas lanchonetes McDonald's. Durante toda a viagem comeu muito mal.

O guia da excursão não tinha um roteiro gastronômico com dicas de como comer bem e barato. Aliás, estes guias são pessoas que estão interessadas em curar a febre de consumo dos excursionistas. Sempre informam sobre shoppings e lojinhas. Nosso guia, numa atitude cabotina, disse, a toda oportunidade, que ele tinha determinados procedimentos que os senhores excursionistas não encontrariam em outros guias e que ele procurava sempre que podia agregar valor aos passeios.

Também alertou, que se os outros guias não o fizessem, não deveriam se importar. A partir da metade da excursão, apresentou muito cansaço, a ponto de confundir a hora que havia marcado para reencontrar o grupo.

As pessoas vão ao exterior para tirar fotos, visitar monumentos e museus e, principalmente, para comprar e comprar. São "lembrancinhas e souvenirs" para impressionar àqueles que ficaram no país de origem. Dificilmente, conversam com os participantes do grupo para conhecer os motivos pelos quais as pessoas viajam. Infelizmente, o guia também é o indutor de tal comportamento.

Em nenhum momento ele solicitou a cada participante o motivo maior de estar viajando. No final da viagem apresentou um pequeno questionário de pesquisa, onde aparecia o nome do cliente. É possível que ele não saiba que este tipo de pesquisa tem de ser anônima e muito bem elaborada.

Ainda com relação à comunicação, havia uma moça que viajava com a sogra e que disse morar nos Estados Unidos, há dez anos. Aí, muitos passaram a acompanhá-la já que ela poderia ajudar na obtenção de informações úteis, que pudessem minimizar as dificuldades de todos com relação à comida e bebida.

A excursão era uma correria só, muitos lugares, muita pressa e muito cansaço. Eram longas viagens de ônibus, como também tínhamos de fazer e desfazer malas, acordando cedo.

O tempo todo era um andar sem fim.

Havia uma senhora que, como Nelson, viajava sozinho. Desde o início ela se mostrou muito simples e tudo que via achava bonito e formidável, tudo para ela era inédito, tirando fotografias a todo instante. Nelson acreditou que todo aquele comportamento era um mecanismo de defesa para se aproximar dos demais.

Conversando com a tal senhora, Nelson descobriu que ela vivia há quarenta anos com o marido, que segundo ela havia viajado sozinho, pelo mundo todo como executivo de uma companhia alemã. Parecia que ela viajava, agora sozinha, para se vingar de ter ficado em casa, sem chance de viajar no passado. Muitas vezes, declarou que saia com as amigas para jantar e dançar. Depois de sofre discriminações por estar viajando sozinho, Nelson, passou a ser irreverente e sarcástico.

Certa vez, em Amsterdam a tal garota, que morava nos Estados Unidos, no seu inglês, solicitou a um transeunte informações sobre onde havia uma praça de alimentação, porque já eram 15 horas e a turma estava apenas com o café da manhã. Foi indicado um determinado lugar. Lá chegando não encontramos nada. Tivemos de entrar num restaurante onde só serviam panquecas. Nelson, sempre que pode, assistiu aos programas de TV no quarto onde estava, para entender o que estava sendo dito. Sentiu muita dificuldade.

Os guias locais foram exímios em descrever as maravilhas geográficas da cidade em visita, como também informavam onde estavam os sanitários e lojas de varejo. Normalmente o guia da excursão nos levava a um local, geralmente, uma praça ou uma catedral e dava para o grupo um tempo para retorno. Embora solicitado para informar o número de seu celular este sempre se negou a dar.

Nelson, por estar sozinho, fez lanches no próprio hotel em que estava. Tinha medo de sair e se perder. Sempre ia em um restaurante que ficava próximo do hotel. Mas isso nem sempre foi possível, pois alguns hotéis em que o grupo ficou eram muito longe do centro da cidade. Ele, em Bruges, cidade da Bélgica, se safou com o seu francês, ajudando muitas pessoas. Mas, em Frankfurt teve de pedir ajuda para fazer o check-in, pois estava tudo em alemão e todo serviço era automatizado.

Nelson observou que, no Rio de Janeiro, lhe disseram que a excursão começaria em Paris e que teria de fazer conexão na cidade de Lisboa. Não para alguns que começaram no Rio de Janeiro, tendo ao seu lado o guia da excursão. Estas pessoas foram diretamente do Rio para Paris, pela Air France e ganharam um dia a mais de excursão, pagando a mesma coisa que os demais.

Portanto, dois pesos e duas medidas.

3.31 Um Grande Banco

Embora os bancos sempre tenham sido grandes usuários da tecnologia da informação, não têm a reputação de chegarem primeiro ao mercado na utilização de novos programas de serviços para atendimento dos seus clientes, tendo em vista que seus negócios são extremamente controlados.

47

O Banco Bravo, hoje com mais de 20 milhões de clientes, desde a sua criação tem utilizado, como ferramenta competitiva, a tecnologia digital da informação. Com cerca de 2.000 agências, tem um ativo da ordem de 70 bilhões de dólares e atende 3 milhões de pessoas diariamente. Foi o primeiro banco a utilizar computadores, caixas automáticas e serviço *home banking*.

Mas o que levou o banco a agir desta maneira? Primeiro, foi por causa da alta inflação que forçou a empresa a ter informações atualizadas diariamente. Segundo, foi a política de manter cativo o cliente, com serviços de qualidade e velozes. O banco foi o primeiro a oferecer um aplicativo para que a pequena empresa gerenciasse suas contas (caixa, contas a receber, contas a pagar).

Atualmente cerca de 5.000 empresas estão usando o aplicativo. Também criou um cartão magnético que possibilita o empregado receber seu dinheiro no caixa automático sem precisar ter uma conta bancária.

O Bravo foi pioneiro em muitos serviços. Em 1996, foi a primeira instituição a usar a Internet. Em 1998, o número de clientes que utilizava a Internet crescia 12% ao mês. O site do banco dá acesso a uma ampla gama de serviços financeiros.

O banco fez parcerias com outras empresas que forneciam seus catálogos e o banco fazia o resto.

O site do banco se tornou um site de entrada (um portal) para o mercado web. Os clientes selecionam os produtos que querem comprar como fariam em qualquer loja online. A diferença é que o pagamento é feito por uma transferência imediata de fundos da conta do cliente do banco para a conta da firma associada. Graças a essa conexão direta com a conta bancária do cliente, ele não precisa dar um número de cartão de crédito, dando uma segurança muito grande à transação.

Enquanto os outros bancos se preocupavam com a Internet, o Bravo tratou de utilizar o espaço virtual como valor agregado para os serviços prestados aos seus clientes. Para manter a vantagem competitiva o banco precisa lançar um novo sistema de base sobre dados dos clientes, para melhor conhecer suas necessidades. Mas o banco tem noção de que precisará de um tempo e que isto exigirá muito planejamento.

O histórico dos dados do cliente é um ativo valioso. Cada transação financeira já é armazenada. Cabe ao banco criar sistemas que mais bem utilizam os dados sob a forma de conhecimento. Tendo baseado originalmente sua infraestrutura em torno de aplicações verticais, o banco planeja ter uma visão horizontal através das fronteiras departamentais, a fim de compreender melhor seus clientes como usuários de todos os serviços do banco.

Serão necessários alguns anos até que o banco consiga consolidar todas essas informações sobre os clientes, mas, quando o fizer, terá condições de criar e disponibilizar, rapidamente, serviços ainda mais personalizados.

O problema é: Quanto tempo será demandado para tal?

3.32 A Maior Cadeia Hoteleira do Mundo

A Maré Internacional, maior empresa hoteleira do mundo, reconheceu também que a internet pode fazer mais do que vender hospedagens. Com mais de 10 bilhões de dólares em receitas, a Maré administra mais de 1.500 hotéis em todo o mundo, sob dez diferentes marcas. A empresa pôs em funcionamento seu primeiro sistema de reservas online, em 1996.

Embora diga que era rudimentar e experimental, o sistema faturou 1 milhão de dólares em negócios até o final daquele ano. O resultado chamou a atenção dos executivos da empresa. Eles perceberam um potencial grande, mas não muito claro para os negócios na internet.

Em 1997, criaram uma equipe especial para o assunto, com o pessoal dos departamentos de vendas e marketing. Desde o início, a equipe contou com forte apoio interno na empresa e com coordenação coesa entre a equipe de negócios e a de tecnologia.

O vice-presidente de vendas era um importante defensor da internet. Foi ele quem criou o departamento, colocando-o em contato com as pessoas certas e ajudou a fortalecer sua situação na empresa. O diretor de informações também ajudou a conquistar mais apoio entre os executivos.

A pesquisa de marketing da empresa mostrava, com consistência, o alto potencial da internet para os negócios da empresa. Uma pesquisa sobre usuários americanos da internet revelou que um dos itens mais comumente pesquisados na rede era o de viagens. A Maré concluiu que a internet poderia criar um gancho de comunicação que proporcionaria um nível mais alto de serviços, atraindo novos consumidores.

A empresa foi uma das primeiras empresas a montar uma página interativa na internet. Utilizando uma ferramenta de busca sofisticada, pode-se achar um hotel da rede com qualquer combinação de itens como localização, recursos do hotel, capacidade de quartos, ofertas de recreação. Você pode ter uma lista de hotéis em uma cidade que possuem um centro de convenções, por exemplo. Pode-se clicar no ícone da caixa de sugestões e mandar os seus e-mails.

Há links que levam às páginas de lojas, restaurantes e outras atrações próximas dos hotéis. Um sistema integrado de mapas dá acesso a mais de 16 milhões de negócios. Você pode obter instruções detalhadas para ir de carro de onde estiver até qualquer hotel da rede, através de mapas rodoviários coloridos. Uma vez encontrado o hotel, você pode verificar facilmente a disponibilidade de apartamentos, os preços e fazer uma reserva.

O site da empresa tem ligações com mais de mil outras páginas da rede.

A Maré Internacional personaliza seus serviços para cada visitante. Todas informações são mantidas num banco de dados e apresentadas ao visitante do site conforme o seu critério de busca. Uma vez que o software adapta o site dinamicamente à medida que a sessão avança, cada visitante tem uma experiência diferente, direcionada aos seus interesses.

O site da empresa, que atualmente recebe uma média de 20 mil consultas por dia, gerou mais de 2 milhões de dólares por mês em receitas relacionadas com a internet. É difícil para a empresa saber que percentagem dessa receita teria vindo de qualquer maneira pelos meios tradicionais, mas a Maré Internacional já sabe que o site na internet está atraindo mais clientes ricos, que estão optando por ficar em seus hotéis de cinco estrelas.

Enquanto outras empresas estão apenas começando a montar sites interativos, a empresa está avançando para alternativas mais sofisticadas, como a multimídia, que dará aos hóspedes em potencial e agenciadores de viagens uma experiência visual dos hotéis. Em lugar de plantas estáticas, os clientes terão visões panorâmicas do saguão e de outras instalações, ou seja, passarão a fazer reservas com um visual de altíssima qualidade.

A empresa descobriu que quanto mais interativo for o site mais negócios acontecem. A empresa planeja enriquecer seu site, criando o perfil do cliente que vai permitir não somente mais bem servir, como oferecer sugestões de coisas e lugares que o consumidor gosta, como também, colocar o mesmo em contato com novos grupos.

A Maré acredita que sua abordagem de valor agregado a diferenciará de outras redes de hotéis e está pensando com integrar os intermediários à sua rede. A questão é: Como fazer?

3.33 Agência de Propaganda ABC

A ABC é uma grande agência de propaganda que presta os seguintes serviços: desenvolve serviços de criação; presta assessoria de marketing; desenvolve pesquisa de mercado; elabora plano de propaganda; coloca à disposição do cliente um gerente da conta e avalia a eficiência e eficácia da propaganda. A estrutura da empresa é formada de três divisões básicas: Criação, Marketing e Finanças.

A Divisão de Criação tinha quatro departamentos: Edição, Arte, Produção Escrita e Produção Eletrônica. O pessoal de edição escrevia roteiros para comerciais de rádio e televisão e o conteúdo de anúncios impressos. O pessoal de arte fazia os desenhos dos anúncios e fornecia as necessárias ilustrações.

Os dois departamentos de produção terminavam o esboço feito pela edição e pela arte e promoviam a sua aparição no meio (canal) de comunicação escolhido.

Para o rádio e a televisão, isso incluía a filmagem, a gravação dos comerciais e sua distribuição posterior. Para os jornais e revistas, isso implicava na reprodução de campanhas de publicidade e o fornecimento destas aos jornais e revistas selecionados.

A Divisão de Marketing preocupava-se com a seleção, uso e avaliação dos meios de comunicação através dos quais seria veiculada a propaganda. Tinha três departamentos: Comunicação, Merchandising e Pesquisa. O pessoal de comunicação estudava meios de divulgação, como jornais, televisão, rádio, internet e as unidades específicas contidas em cada um deles, comprando tempo e espaço na mídia.

O pessoal de merchandising assistia os clientes na concepção de material promocional, embalagens e métodos de distribuição. O pessoal de pesquisa estudava os mercados para estimar o potencial e avaliar o impacto da propaganda.

A Divisão de Finanças tinha um gerente para cada cliente. Ele devia agir como ligação entre o cliente e a agência e como coordenador dos especialistas entre os vários departamentos das outras divisões.

No entanto, havia um problema no sistema de comunicação. Por exemplo, o executivo da conta estava designado oficialmente para ser um ponto chave, através do qual todos os contatos da agência com seus clientes deveriam ser canalizados para a Divisão de Finanças. Mas, na prática, existia um contato informal entre os funcionários subalternos da agência e seus correspondentes, na empresa contratante.

Estes contatos diretos incomodavam os executivos de finanças, que se sentiam incapazes de controlar, com eficiência, as relações com seus clientes. Um gerente de conta observou que muitas decisões eram tomadas pelas "primas donas" e que ele só ia saber mais tarde.

Outra dificuldade surgiu de inconsistências entre o que era considerado um bom trabalho pelas gerências de contas e o que pensavam os outros departamentos.

Os funcionários como artistas, escritores de anúncios e especialistas de pesquisa de mercado variavam no grau em que apreciavam a excelência técnica existente no seu trabalho. Um tipo de funcionário profissional, o artesão, julgava o seu próprio trabalho em termos de excelência, dentro de uma especialidade particular.

Os artesãos ficavam, particularmente, incomodados pelas pressões exercidas pelos gerentes de contas ou pelos clientes, no sentido de fazerem algo que conflitasse com seus padrões profissionais.

Se os conflitos da gerência financeira com as demais divisões tivessem se limitado ao seio da agência, não teriam incomodado tanto a alta administração. Mas estes conflitos estavam atrapalhando a efetividade dos serviços. Por esta razão, alguns clientes levaram suas contas para outras agências.

A crise exigia maior velocidade e flexibilidade do que a velha estrutura parecia ser capaz de prover.

Como resultado de sua perda de contas, a alta administração decidiu reestruturar a empresa para assegurar uma melhor qualidade de desempenho. A satisfação do cliente emergiu como sendo o critério mais importante para avaliar o desempenho do pessoal.

Um dos efeitos desta mudança foi uma diminuição da satisfação dos artesãos que agora se sentiam, muitas vezes, obrigados a ceder quanto aos seus "padrões". Eles se lamentavam por terem de se separar da maioria das outras pessoas com a mesma especialidade, pessoas que podiam discutir, criticar e admirar com conhecimento o seu trabalho.

3.34 Campo Grande Industrial

A Campo Grande Industrial, fabricante de tênis esportivo, vem registrando um decréscimo constante em seu faturamento, durante os últimos anos. As vendas são efetuadas a distribuidores espalhados nas principais cidades do país.

A diretoria de vendas constatou que nos últimos meses houve muitas reclamações, como: não atendimento aos pedidos no prazo acordado, deficiência no controle de produtos acabados, erros em notas fiscais e faturas, divergências nos valores faturados pela contabilidade com os valores vendidos e divergências nos descontos concedidos, em função do volume vendido.

Na última reunião de diretoria, o vice-presidente assinalou que os sistemas de informação pareciam estar entrando em colapso, porque detectou problemas na folha de pagamento, nos relatórios contábeis, no controle de estoques, em contas a pagar, contas a receber e outros problemas menores. Tal situação gerou conflitos entre os departamentos.

O vice-presidente não entendia o porquê dos acontecimentos, se havia contratado uma empresa de serviços em informática justamente para melhorar o fluxo de informações entre os setores da fábrica, também esperando documentos precisos e com qualidade de apresentação.

O diretor administrativo ponderou que a empresa já devia ter um serviço de processamento de dados próprio e que, então, ele poderia controlar as atividades e processos, pois, na atual situação, cada departamento entrava em contato com a empresa de informática, agindo como se fosse uma empresa independente. Na opinião do diretor administrativo a informatização ajudaria a função controle e não atrapalharia, como estava ocorrendo.

Após a explanação do diretor administrativo, o diretor da área de finanças observou que, caso a empresa adotasse um sistema informatizado próprio, tal gerenciamento deveria estar sob controle do departamento financeiro, porque em matéria de dinheiro a palavra-chave é a centralização. Falou, também, que não era culpa da empresa de informática e sim dos funcionários da empresa que, certamente, enviaram dados errados e, por via de consequência, a contratada editava documentos errados.

O diretor de recursos humanos alegou que os funcionários encarregados do fornecimento de dados à empresa de informática tinham sido muito bem treinados e que no início das operações não havia tantos erros. Ele achava que a culpa cabia à contratada e que a empresa deveria cancelar o contrato e adotar um sistema próprio, já que estavam, cada vez mais, baratos esses equipamentos.

O departamento de vendas objetou a ideia, porque isto paralisaria a empresa e então o faturamento em vendas cairia, ainda mais, comprometendo a própria sobrevivência da empresa.

Era preciso fazer algo a respeito e a decisão caberia ao presidente da empresa.

3.35 Companhia de Alimentos Ribeiro

A Companhia de Alimentos Ribeiro é uma empresa do ramo de alimentos para frutas e legumes, com um faturamento anual em torno de 500 milhões de dólares. Sua marca aparece em enlatados e congelados encontrados em grandes varejos. A empresa gasta cinco milhões em propaganda das mais diversas e promove descontos especiais ao varejo que chega a três milhões.

Embora a Alimentos possua uma marca consagrada nacionalmente, começou a se preocupar com marcas com o nome do varejo, principalmente, com as de grandes cadeias de lojas. Estas marcas particulares vendem produtos semelhantes, até idênticos, a preços menores, em função de contratos com indústrias que fabricam seus produtos e os embalam, utilizando a marca, nome ou logomarca do varejo.

Os consumidores parecem estar preferindo as marcas próprias do varejo, à medida que se instruem e se interessam em poupar dinheiro. Mesmo quando esta marca não apresenta produto de qualidade que a marca própria, muitos consumidores não encontram qualquer diferença em qualidade pela qual valha a pena pagar, isto é, não percebem diferenças significativas.

Uma cadeia de grandes varejos fez uma sondagem a Alimentos para que esta fabricasse seus produtos com a etiqueta desta cadeia. A proposta era tentadora em volume e preço negociados e, também, porque o pedido aparecia numa hora em que a empresa estava operando com capacidade instalada ociosa, em virtude de vendas declinantes.

A alta administração da empresa concluiu que estava diante de uma decisão que poderia mudar o futuro da Companhia de Alimentos Ribeiro. O problema foi agravado quando uma outra grande rede de varejo, que não usava marca própria, solicitou a empresa para baixar os seus preços, pois as marcas particulares com preços mais baixos, utilizadas pela concorrência, estavam deixando encalhados os produtos que ela comprava desta companhia.

Esta empresa, que fez a solicitação de baixar os preços, advertiu a Alimentos que o alto nível de despesas com propaganda era repassado ao varejo e, por via de consequência, para o consumidor. Uma outra observação que fez é que o dinheiro gasto em propaganda deveria ter melhor destino, porque entendia que um preço menor de um produto semelhante pode derrubar uma marca nacional.

Para a empresa, qualidade e propaganda são fundamentais. O que fazer?

3.36 Companhia Madureira

Maurício Andrade é o gerente do Departamento de Sistemas e Métodos da Companhia Madureira, uma empresa dedicada ao ramo de bens de consumo e que possui diversas filiais situadas nas principais cidades dos estados brasileiros, com operações totalmente descentralizadas, mas com o planejamento e o controle centralizados na matriz, sediada em Recife.

Maurício foi solicitado pelo controller, Nelson Costa, a quem se subordina, a desenvolver um sistema de controle de todas as operações das filiais capazes de avaliar aspectos de quantidade, qualidade, tempo e custo, bem como os relacionados com procedimentos, orçamentos, programações, planos, políticas e regulamentos.

Realmente, o controller estava pretendendo obter de Maurício um sistema integrado de controles operacionais para que pudesse ter uma visão do conjunto e, a partir daí, começar a detalhar os diversos subsistemas.

Maurício achava que seria interessante começar por uma lista geral de todos os aspectos importantes a serem controlados nas filiais, montar diagramas dos subsistemas envolvidos, iniciar alguns detalhamentos, para então ter uma conversa inicial, como balão de ensaio, para sentir a opinião do chefe e balizar suas ideias com as dele.

Numa primeira análise, Maurício verificou que as filiais lidam com assuntos de faturamento, cobrança, estoque, almoxarifado, pessoal, previsões de vendas, cash flow, relação com bancos, orçamentos, serviços gerais de escritório, equipes de balconistas para atendimento aos fregueses, relatórios de vendas, lançamentos contábeis, compras, treinamento, recrutamento, seleção, contas a pagar.

Devido a heterogeneidade dos assuntos o desafio era muito grande. Maurício pôs-se a pensar em como faria uma primeira apresentação de suas ideias ao seu chefe.

3.37 Companhia Metal Pesado

A Metal Pesado é uma empresa de fundição de porte médio que produz peças para consumidores do mercado industrial. O seu diretor está há vinte anos no cargo e seus métodos de trabalho são tradicionais para uma indústria deste setor. A empresa é basicamente uma grande oficina, onde utiliza mão de obra intensiva.

Sua carteira de pedidos apresenta diversas encomendas, com exceção para peças muito grandes ou extremamente delicadas. Sua clientela foi formada por recomendações de clientes, catálogos, prospectos, sites e vendedores.

O contato preliminar para um determinado serviço, geralmente, é feito por telefonema, quando o cliente diz o que quer e pede orçamento. Os contatos não programados representam 40% dos seus negócios. Sua força de vendas procura empresas que trabalham com metal e pesquisam se a empresa consultada pode terceirizar determinada peça na sua linha de produção.

No país existe cerca de 100 mil metalúrgicas, tornando muito difícil a pesquisa de mercado para novas demandas. Os vendedores fazem visitas não marcadas a clientes em potencial, a fim de se informar a respeito de suas operações, na esperança de descobrirem alguma peça ou montagem que a empresa possa fundir. Mas este é um método muito caro e com um nível de resposta pequeno.

A maioria das peças fundidas pela Metal Pesado são feitas para automóveis, equipamentos agrícolas, máquinas e motores de indústrias dos mais diversos segmentos.

Uma preocupação do diretor é que 20% dos clientes proporcionam 80% da receita da empresa, embora ele faça tudo para reverter este quadro. A Metal Pesado estabelece um preço de venda maior que o mercado, porém oferece maior qualidade do produto e cumprimento dos prazos acertados. O conceito de qualidade para a Metal Pesado significa menos imperfeições e menos variações nos graus de tolerância.

Entretanto, a empresa, função do cliente, pode negociar peças de qualidade inferior por um preço de venda menor, porque levaria menos tempo para fabricar, tendo em vista o ajuste. Procedia assim, porque muitos compradores só estavam preocupados com o preço.

A Metal Pesado se preocupa com sua posição futura no mercado, porque o número de empresas deste setor caiu pela metade. Um novo fator tem sido apontado – a poluição. As fundições, que são normalmente locais de alta temperatura, poluição e problemas de segurança, tiveram que gastar, recentemente, um bocado de dinheiro para solucionar esses problemas.

Esse é um dinheiro que não aumenta a produtividade. Assim, algumas empresas preferem sair do negócio do que suportar esses custos.

Uma nova ameaça é a utilização, cada vez maior, do plástico. O diretor está pensando se a empresa deve continuar como uma oficina de reparos ou se especializar em uma linha de produtos. Algumas das maiores fundições têm-se especializado e estão aumentando seu capital.

O diretor está preocupado com os métodos da companhia para gerar negócios. Ultimamente, tem ouvido falar da distinção entre orientação para vendas e orientação para marketing, e ele tem pensado muito sobre que decisão tomar, que estratégia adotar ou entregar o "boné" e pedir aposentadoria.

3.38 Companhia Monte Belo

Como gerente de treinamento, Marcos recebeu a incumbência de verificar as necessidades de treinar e reciclar pessoas dentro da companhia e apresentar os resultados desse estudo, bem como os planos de ação recomendados, ao seu superior, o diretor de Recursos Humanos.

A gerência de Marcos é responsável pela implementação das decisões tomadas pela direção da companhia referentes ao treinamento e desenvolvimento do pessoal, isto é, pelo planejamento e condução dos programas de treinamento, que são utilizados como protótipos para os demais órgãos, geograficamente descentralizados, da companhia.

A empresa dedica-se ao ramo de bens de consumo, possuindo diversas filiais nas principais capitais brasileiras, com operações totalmente descentralizadas. Mas, com o controle de resultados centralizados na matriz, localizada na cidade de São Paulo.

A gerência de treinamento é um órgão de assessoria localizado na matriz e é composta de quatro seções, cada qual especializada em um tipo particular de atividade desenvolvida na empresa. Inclui seções, cujo principal trabalho envolve o desenvolvimento profissional dos empregados e treinamento de supervisores, pessoal de vendas e do grupo de informática.

No decorrer de uma reunião semanal regular, mantida com seus supervisores, Marcos focalizou a discussão sobre os objetivos do treinamento das respectivas seções. Especificamente, cada supervisor deveria definir seus objetivos, em termos das necessidades dos órgãos de linha. Sua intenção era fazer com que os outros supervisores utilizassem tal procedimento como modelo.

Em face da diversidade de opiniões expressadas, ele reconheceu que deveria devotar maior atenção pessoal ao comando de cada seção do seu departamento. Colocou, então, a seguinte questão: Quais são os objetivos que guiam as atividades em cada uma das seções?

Marcos pediu que cada supervisor apresentasse um pequeno relatório a ele, no decorrer da semana seguinte, respondendo àquela pergunta. Após a reunião, ele ficou pensando o seguinte:

Quais os resultados positivos imediatos poderiam advir da sua solicitação?

Quais as falhas nesta abordagem ampla de definição de objetivos?

Em que aspectos esta solicitação estava incompleta?

Qual meio poderia ser mais eficaz para proceder, após a entrega dos relatórios pelos supervisores de seção?

3.39 Confecções Tabajara

É muito comum um comércio de roupas se transformar numa indústria de confecções de roupas ou, ainda, uma indústria de roupas de modelos diversos passar a fabricar somente uniformes, por exemplo. Um outro exemplo também comum é o varejista se transformar em atacadista, e vice-versa.

Outra estratégia é o caminho da integração vertical, através do qual uma indústria de transformação passa a fabricar componentes que antes comprava de fornecedores.

A Tabajara chegou a ser o maior fabricante de camisas do país, mas resolveu, além de fabricar, fazer o comércio de ponta, o varejo ao consumidor final. Sua diretoria achava que com o comércio ela se tornaria mais rentável.

Neste processo de integração indústria e comércio ela teve de conciliar operações, geralmente, conflituosas, tais como: atender ao atacado; vender às lojas de varejo; distribuir aos franqueados e ainda manter lojas de sua propriedade.

A trajetória da Tabajara foi, mais ou menos, assim.

Em 1976, adotou o sistema de franquia, licenciando perto de duzentos ex-vendedores e funcionários na abertura de lojas que venderiam produtos com a sua marca. A rede de franquia tinha a estratégia precípua de expandir as vendas e colocar produtos e marcas a disposição de maior número de consumidores.

Em 1980, a Tabajara resolveu comprar o Grupo Cabrita de Melo, visando atingir o Nordeste do país, acrescentando cerca de 150 novos pontos de venda aos já existentes, ou seja, duzentas franquias e dez mil lojas de varejo. A estratégia de industrializar e comercializar diretamente ao consumidor final apenas tinha dado certo para pequenas empresas, devido a uma produção de pequeno porte, não abalando os grandes concorrentes.

No caso da Tabajara que vendia produto de consumo de massa esta estratégia começou a trazer problemas, porque a partir do momento em que uma grande indústria passa a se dedicar também ao comércio, ela abre uma guerra inevitável com seus consumidores tradicionais.

Logo após ter iniciado a integralização indústria e comércio, começou a acontecer o seguinte: varejos tradicionais e cativos de longos anos começaram a não mais comprar produtos da Tabajara; vários franqueados romperam contratos, pois se sentiam prejudicados pela concorrência das lojas próprias da Tabajara já que só podiam negociar os mesmos produtos, ficando sem margem de flexibilidade para comercializar outros produtos e marcas.

Estes acontecimentos foram levados ao presidente do Grupo Tabajara que respondeu que não havia interesse no sistema de distribuição via sistema de franquia, pois ele apostava que a empresa seria mais rentável com lojas próprias. Os diretores foram contra, pois havia uma tendência mundial em adotar parcerias e terceirizar diversas funções organizacionais.

O presidente bateu pé e disse que a estratégia seria mantida. Alguns diretores e gerentes se desligaram da empresa e foram trabalhar para os concorrentes. Instalou-se uma crise na Tabajara e então seu presidente veio a público para informar que a entrada da empresa no setor comércio não significava vender a sua própria produção, mas também trabalhar com outros produtos e marcas de empresas menores.

A expectativa inicial é que o comércio responda por 30% do faturamento. Operando com trinta marcas, muitas delas de vida curta, a Tabajara inaugurou mais duas fábricas no Nordeste, a despeito do ceticismo dos demais empresários do setor.

Atualmente, a Tabajara tem dificuldades de manter tal estratégia e está pensando em pedir concordata.

3.40 Elétron S.A.

A empresa Elétron possui uma linha diversificada de produtos eletrônicos, cujo maior volume (80%) de vendas é feito através de contratos com o governo federal, participando de concorrência pública.

57

Devido à incerteza da economia e mudanças políticas, seu presidente, Roberto Aguiar, começou a pensar em como reverter esta tamanha dependência. Ele sempre estava preocupado com a questão: E se mudarem os "contatos", o que acontecerá? Desta forma achou que deveria adentrar outros mercados, criar novos produtos, diversificar a linha e outras ideias, que foram discutidas com seus assessores.

O Departamento de P & D apresentou diversas sugestões. Um dos produtos em estudo é um equipamento com rádio, gravador e CD para automóveis. Roberto contratou os serviços de uma consultoria em marketing para avaliar a viabilidade do produto e indicar mercados. Pediu que a mesma apresentasse um projeto de pesquisa, combinou o preço do serviço e outros detalhes, fazendo para isso um contrato.

A Elétron foi fundada por Roberto em 1970 e os negócios chegaram ao apogeu no final desta década. Nos anos 1980 houve uma estagnação nas vendas para o mercado governamental, mas mesmo assim a empresa manteve a mesma estrutura organizacional.

As áreas de engenharia e de produção localizavam-se em dois diferentes prédios situados em São Paulo, distantes aproximadamente 20 km um do outro. Em 1985, o departamento de produção e a diretoria foram transferidos para Campinas, enquanto as divisões de engenharia e pesquisa continuaram em sua sede original.

A empresa já havia feito anteriormente tentativas de colocação de novos produtos no mercado não governamental e fracassou. Um desses produtos foi um filtro de água acoplado a rede de distribuição que eliminava impurezas, bactérias e coliformes.

O produto recebeu apoio das autoridades sanitárias, mas só vendeu graças às exportações para países onde a água impura é um problema muito grave. Um outro produto foi um dispositivo de alarme e elevação automática para portas de garagem. Hoje a sua demanda é muito pequena.

A empresa de consultoria constatou que a ênfase era dada ao departamento de engenharia que opinava o que produzir. Existe um departamento de marketing que parece uma seção de vendas, sem força alguma. O presidente, acostumado a lidar com o governo, tomava as decisões de todas as atividades mercadológicas. Os contatos importantes ele mesmo é que fazia.

A consultoria constatou, também, que o presidente contratou um ex-vendedor de automóveis para o cargo de gerente de vendas, mas que não durou mais de seis meses, porque Roberto achava que ele fazia descontos especiais para aumentar o volume de vendas.

Roberto é um homem educado, meticuloso, possui uma capacidade de trabalho invejável e é formado em engenharia eletrônica. Como administrador é autocrático, mantendo um controle cerrado sobre os funcionários. Nada pode ser decidido sem sua aprovação e tem dificuldade para delegar. Ultimamente, vem utilizando, excessivamente, telefone e computador.

A consultoria também constatou, através do diretor técnico e do chefe do departamento de P & D, que eles são obrigados a endossar as decisões do presidente. Reconheceram que o produto idealizado para automóveis terá de ser de excelente qualidade.

Mas entenderam que a Elétron ainda necessita de muito tempo de desenvolvimento técnico para que o produto alcance um nível ótimo para ser comercializado.

Haroldo de Andrade é o gerente administrativo que funciona também como gerente de vendas, tendo causado boa impressão a empresa de consultoria, pois este administrava com eficácia os conflitos entre departamentos. Ele pediu maior liberdade para atuar na carteira de pedidos, pois achava que a empresa, além de atender as encomendas, deveria ter produtos acabados em estoque para solicitações de afogadilho.

Um jovem que trabalha no setor de serviços pós-venda, que, além de ser engenheiro eletrônico, é formado em administração, ambiciona tornar-se gerente de vendas, ainda que não tenha experiência alguma nessa área. Os diretores julgam-no um pretendente apto para desempenhar o cargo, se a empresa lançar o novo produto. Mas o que acontecerá com o atual gerente de vendas, Haroldo de Andrade?

A longa experiência da empresa em contratos governamentais originou o hábito de que deveria primeiro conseguir os pedidos dos clientes para depois produzir.

3.41 Fábrica de Bombons

A Fábrica de Bombons é um fabricante de chocolate sob a forma de bombons. Nos últimos anos suas vendas têm estado um pouco acima do ponto de equilíbrio e o diretor-geral acha que o problema reside na força de vendas, que não deve estar aplicando técnicas modernas de marketing. Para mudar a situação está pensando que alguma coisa precisa ser feita, mas o que?

A linha de produtos da empresa consiste de vinte bombons diferentes. Suas marcas líderes estão num estágio de maturidade do ciclo de vida e representam 80% do faturamento. Após rápida pesquisa constatou-se que:

- A concorrência está buscando valores agregados aos seus produtos.
- O perfil de seus consumidores é de pessoas de baixa renda.
- A faixa etária de seus consumidores é de pessoas idosas.
- Os consumidores consideram seus produtos como de qualidade regular, quando comparam os mesmos com a concorrência.
- O formato do produto e a embalagem foram considerados antiquados.

A empresa vende seus produtos a atacadistas e grandes redes de varejo. Uma equipe visita pequenos varejos para a colocação de cartazes e, nestas visitas, colhe opiniões que são transformadas em relatórios, encaminhados à diretoria de vendas. Esta equipe também visita muitos varejistas não atendidos pelos atacadistas que são informados imediatamente.

Com relação aos atacadistas, a fábrica desenvolve uma estratégia de descontos, contratos de exclusividade e financiamento próprio. Mas com relação as grandes cadeias de varejo, ela não tem uma boa penetração.

Alguns de seus concorrentes confiam muito mais intensamente em propaganda ao consumidor e merchandising de loja, sendo mais bem-sucedidos com as grandes redes.

O orçamento de marketing da empresa é de aproximadamente 20% da receita líquida com vendas. Comparado com a concorrência este valor é baixo. A maior parte do orçamento de marketing se destina à força de vendas e o restante à propaganda.

As promoções junto aos consumidores finais são muito limitadas e a propaganda basicamente é para manter suas marcas líderes. Os novos produtos não são desenvolvidos com regularidade e, quando acontecem, são introduzidos no varejo pela utilização de uma "estratégia de empurra".

O departamento de marketing está assim estruturado: um diretor; um gerente de vendas; um gerente de pesquisa; um gerente de propaganda; supervisores e vendedores. A força de vendas está organizada por gerências de áreas.

O diretor de marketing é um homem que fez carreira na empresa e que começou como vendedor. Assim, dá mais atenção a área de vendas que às demais funções de marketing. Recentemente, leu um livro de marketing que discutiu com o diretor-geral e ambos chegaram à conclusão que precisariam:

Montar um plano de marketing; mudar a política salarial; treinar toda a força de vendas para novas técnicas de abordagem ao consumidor; contratar recursos humanos para a empresa e dispensar aqueles cuja produtividade fosse baixa; entrar em contato com uma nova agência de propaganda; introduzir novos recursos tecnológicos; pesquisar o mercado consumidor; rever as planilhas de custos; mudar a política de preços de venda e mudar a distribuição.

3.42 Fundição Rio Branco

A Fundição Rio Branco é uma empresa cujo ramo de atividade é a produção e venda de equipamentos e máquinas para fundição. A diretoria é composta de: Alberto dos Santos Novaes (diretor-presidente); Júlio Siqueira Campos (diretor-comercial) e Marcos Roberto Magalhães (diretor-industrial).

Alberto é uma pessoa completamente desinteressada pelos problemas da empresa, deixando isso a cargo dos outros diretores. Não se preocupa nem com os funcionários nem com o trabalho. É o cotista majoritário, importando-se apenas com sua situação financeira, seu status social e quanto retirará por mês.

Júlio está ligado ao setor de vendas, ficando a seu cargo as próprias comissões e dos outros vendedores, no que tem demonstrado excesso de interesse, pois solicita, semanalmente, o custo dos produtos para posterior ajuste no preço de venda, visando, com isso, aumentar o faturamento. Divide o número restante de cotas com o terceiro diretor.

Marcos é voltado exclusivamente para a produção, porém, levando em consideração as condições de seus subordinados, constantemente, supervisiona a fábrica no que se refere ao serviço dos operários. Quando encontra alguma dificuldade, costuma dirigir-se ao encarregado do setor, porém, em alguns casos de indisciplina ou falha técnica, não respeita a autoridade do mestre, dirigindo-se diretamente ao operário, contrariando a unidade de comando.

Cada um dos três diretores possui autoridade suficiente para contratar novos empregados e despedi-los sem dar satisfação a nenhum dos outros, não permitindo qualquer intervenção dos demais em suas respectivas áreas. A empresa fabrica equipamentos padronizados para fundição, através da produção em série. Embora, fabrique também equipamentos diferenciados sob encomenda, conforme especificações solicitadas pelos compradores. É a única empresa que produz tal tipo de equipamento no país.

O departamento de compras está sob a gerência de Luiz Alves Macedo, que executa suas tarefas mecanicamente, sem nenhum planejamento ou controle e sem o mínimo interesse pelo cargo que ocupa. É totalmente inoperante e sua atuação só funciona quando pressionado pelas circunstâncias.

Apesar disso, Luiz não é inexperiente, mas seu procedimento acarreta vários problemas para os demais setores da empresa, pois não se coordena nem mesmo com os setores de: produção, armazenamento, recepção, expedição e almoxarifado. Falta-lhe técnica de compras e sua função é independente, sem nenhum superior supervisionando suas atividades. Sua permanência dentro da empresa, apesar desses problemas, é devida a sua estreita amizade com o diretor-industrial.

O departamento técnico está subordinado ao diretor-industrial e apresenta sérias deficiências na elaboração de projetos, pois há erros nos cálculos, na escolha dos materiais (insumos) e, geralmente, nos desenhos dos produtos e respectivas embalagens.

O seu gerente, Manoel de Oliveira, não se interessa em corrigir os erros encontrados nos desenhos e projetos, para não atrasar a produção de seu pessoal, acarretando problemas para o departamento de custos e, principalmente, para o departamento de produção, que corre o risco de confeccionar e produzir equipamentos com defeitos, caso nenhum especialista neste tipo de equipamento localize o erro a tempo.

Com todos esses problemas dentro da empresa, surgem, constantemente, atrasos na entrega dos equipamentos aos compradores e, às vezes, devoluções em virtude de defeitos apresentados ou desvios das especificações.

Em certa ocasião, uma fundição de grande renome efetuou diretamente ao diretor-comercial a compra de um equipamento, com data marcada para a entrega. O pedido foi encaminhado aos devidos departamentos para que tomassem as providências. Houve, porém, um considerável atraso na execução do pedido, havendo necessidade de intervenção direta e constante do diretor-comercial na produção.

Apesar da demora e da insistência o equipamento foi concluído e entregue, mas devolvido alguns dias depois por ter apresentado defeito no seu funcionamento. A compra não foi cancelada devido à necessidade que a firma compradora tinha de utilizar o equipamento com urgência.

Embora fosse um bom cliente, a firma compradora provocou um conflito que atingiu os diretores da empresa, os gerentes, os supervisores e até mesmo os funcionários. Cada departamento apresentou a sua desculpa, jogando a culpa sobre os demais, pois ninguém queria assumir a responsabilidade do que acontecera.

O departamento de produção acusava o departamento de compras, que por sua vez acusava o almoxarifado, e assim por diante, formando um conflito que ocasionaria diversas mudanças dentro da empresa. Com os atrasos na entrega do equipamento e as devoluções causadas por defeitos, a imagem da empresa estava se deteriorando no mercado.

3.43 Indústria de Calçados New York

A Indústria de calçados New York, conhecida firma no ramo de calçados, conta com 700 funcionários distribuídos pelos vários departamentos da empresa. A diretoria da New York é composta de: Antônio de Almeida Capolino (presidente); Augusto dos Santos (vice-presidente); João Lima (diretor-industrial); Jose Carlos Bosco (diretor-financeiro).

O presidente, advogado de 50 anos de idade, reuniu-se com o vice-presidente, seu amigo de faculdade, objetivando traçar planos para a implantação de um sistema atualizado de produção que pudesse fazer frente ao desenvolvimento tecnológico, já que o sistema de produção atual se tornara bastante obsoleto. Debatido o problema, concluíram que era necessário o levantamento de vários dados do Departamento de Produção.

Esses dados foram solicitados ao gerente industrial Sr. Américo Guimarães, engenheiro mecânico de 48 anos de idade, que se comprometeu a executá-los prontamente. Como o Sr. Américo tinha inúmeros outros encargos dentro da organização, precisou relegar tais relatórios de dados a segundo plano, não obstante o pedido de urgência feito pela diretoria.

Percebendo que não era atendida em suas solicitações, visto que o Sr. Américo não fornecia os relatórios, pois apresentava sempre desculpas fortuitas, a diretoria decidiu nomear o Sr. Roberto de Freitas, recém-formado em Administração, com 30 anos de idade, para a função de coordenador do referido plano, com autonomia total para coligir e obter todos os dados suficientes, tendo inclusive, livre acesso ao Departamento de Produção.

Sentindo-se colocado à margem, Américo ficou revoltado com a empresa, passando a dificultar o trabalho de Roberto no desempenho de suas funções, com base nos manuais operacionais da própria empresa, onde a produção estava acima de qualquer outra atividade.

Decorrido algum tempo, Roberto percebeu que Américo, mercê de seu bom relacionamento com seus funcionários e da dedicação que estes lhe devotavam, influenciara-os, incitando-os a dificultar ao máximo o seu trabalho. Assim sendo, os funcionários forneciam informações incorretas, para que, na incerteza do seu relatório, surgissem algumas dúvidas por parte da diretoria em relação aos dados apresentados, visto que existiam conflitos entre o escrito e a realidade.

Américo esperava que a diretoria, ao analisar o relatório, percebesse os dados incorretos que este continha e voltasse atrás, dando um voto de confiança a ele, que já havia dado 13 anos de dedicação e bons serviços à empresa. Possivelmente a diretoria o incumbiria de fazer um levantamento em toda a indústria, a fim de apurar as irregularidades existentes.

Dado o seu relativo conhecimento administrativo, Roberto percebeu a trama em que estava envolvido e apresentou o problema a diretoria para que esta tomasse as necessárias medidas cabíveis.

3.44 Indústria Deterbrás

Localizada na capital do estado de São Paulo, a Indústria Deterbrás é um fabricante de detergentes, sob diversas marcas. Há cinco anos atrás, sua participação no mercado era de 55% e ela percebeu que podia aumentar a sua fatia do mercado, e, para tal, realizou contratos com outras empresas do ramo para sua expansão.

Estes contratos permitiram que a empresa elevasse sua capacidade produtiva sem precisar imobilizar capital em imóveis, instalações, máquinas e equipamentos. Com isso sua fatia de mercado passou para 65%.

Na decisão acima, a Deterbrás fez dois contratos. O primeiro foi com a Indústria Pecos Ltda., localizada na cidade de São Paulo e que recebe as matérias-primas da própria Deterbrás, industrializando-as e remetendo o detergente produzido para a mesma que o embala e distribui no mercado. O segundo contrato foi efetuado com a Indústria Coco Ltda., localizada no Recife.

O tipo de contrato com a Coco é diferente do realizado com a Pecos, pois a Coco além de receber as matérias-primas e de industrializar, também embala o detergente produzido, ficando sob sua responsabilidade a manutenção dos padrões de qualidade impostos pela contratante.

Embora estivesse participando dessa parceria, a empresa começou a implementar um projeto de expansão. Como a Coco não tinha K*now-How* suficientemente compatível com a Deterbrás, esta foi obrigada a deslocar mão de obra técnica para Recife a fim de que alguns ajustes tivessem de ser feitos para processos, adaptações de equipamentos, padrões de qualidade e outras necessidades.

O contrato realizado com a empresa Coco foi para que a produção viesse atender o mercado consumidor do Nordeste do país e o excedente de produção seria destinado ao Sudeste.

A Deterbrás manda para a Indústria Coco toda matéria-prima necessária, bem como material de acondicionamento e embalagem. Esta tem por obrigação enviar os produtos para o depósito da Deterbrás, localizado também em Recife, que faz a distribuição para o mercado da região. Como o contrato entre Deterbrás e Coco está para vencer, a Deterbrás realizou alguns estudos para permitir, ou não, a renovação do contrato.

Eis as informações coletadas:

A produção da Indústria Coco representa 10% da produção da Deterbrás. O custo de produção da Indústria Coco é 15% superior ao da Deterbrás. A empresa Coco para distribuir ao mercado local faria com que o preço de venda subisse 5%.

A Indústria Coco só trabalha para a Deterbrás e quando o material, necessário à fabricação, não chega a tempo, por motivos de transporte, por exemplo, aquela é obrigada a paralisar suas atividades, acarretando com isso uma elevação do custo.

Os técnicos que a Deterbrás mantém no Nordeste possuem um salário maior, porque foram contratados para São Paulo, mas foram deslocados para Recife, o que faz com que a Deterbrás pague, além do salário, depositado na cidade de São Paulo, uma diária para despesas com hospedagem.

A Deterbrás fabrica 14 diferentes tipos de detergentes, dos quais a Indústria Coco produz apenas dois tipos. Os produtos que têm uma margem de lucro maior são os detergentes das marcas: A, C e F.

A Coco produz os detergentes A e C. A Deterbrás possui uma capacidade ociosa da ordem de 30%. O projeto de expansão da Deterbrás foi concluído no ano passado. A Indústria Coco tem incentivos dados pelo governo.

O Departamento de Marketing da Deterbrás é favorável à renovação do contrato, pois acredita que não se deve abandonar um parceiro de produção, que poderá se tornar um futuro concorrente. O Departamento de Vendas não é favorável a renovação do contrato, pois considera o mercado de detergentes do Nordeste muito fraco.

O mercado consumidor do Nordeste absorve apenas 5% da produção da empresa.

3.45 Indústria Drogas

Ao adquirir a Indústria Drogas um grupo estrangeiro pretendia mudar a estrutura organizacional em função de uma expansão, em curto prazo, para aumentar em muito os negócios, a qualquer custo. A Indústria Drogas é uma empresa familiar, cuja direção é tradicional e patriarcal, pois mantém até hoje em seus cargos executivos, pessoas contratadas desde a fundação.

Embora familiar, o diretor-geral da Drogas faz reuniões semanais com os gerentes para discutirem os problemas da empresa, muitas das vezes aceitando opiniões de seus subordinados. O nível de negócios da Drogas é regular e tem um desempenho que pode se dizer economicamente aceitável. Com a compra pelo grupo estrangeiro a empresa começou a se preocupar com o futuro de seus clientes (funcionários, consumidores, fornecedores, distribuidores).

O novo grupo realizou grandes investimentos, arregimentando novos recursos administrativos, tecnológicos e humanos, tudo num espaço de tempo muito curto, contrariando qualquer planejamento estratégico que, além de ser de longo prazo, não o fez.

Como principal forma de expandir rapidamente, estendeu o regime de vendas, dedicado diretamente às farmácias, para a venda aos grandes distribuidores (atacadistas) que por sua vez fariam a venda às farmácias. Alugou um prédio para melhorar as suas condições de armazenamento e distribuição dos produtos. No afã de crescer rapidamente o novo dono ocorreu em procedimentos, que seriam mais tarde vistos como apressados e erráticos, tais como:

a) O critério de escolha dos distribuidores foi superficial e muito rápido.
b) Concedeu vultosos créditos a quem não teria condições de obtê-los em situação normal.
c) Dilataram-se as condições de pagamento de 30 dias para 30, 60, 90 dias.
d) Muitos acordos foram feitos em termos de dilatar os prazos ainda mais por ocasião da cobrança, que também era responsabilidade da área de vendas.
e) Foram aumentadas as comissões dos vendedores de 3% para 5%.
f) Sem nenhum estudo prévio aumentaram a previsão de vendas.
g) Aumentou-se o número de vendedores de 60 para 100.
h) A frota de veículos foi aumentada sem uma medição anterior das necessidades.
i) Foi delineada uma campanha de promoção e propaganda insuficiente para dar vazão às grandes quantidades de produtos colocados no mercado.
j) Os distribuidores passaram a ter dificuldade em provocar a rotação desses produtos.
k) Foram adquiridas grandes quantidades de matéria-prima, provocando uma super estocagem e consequente elevação de contas a pagar a fornecedores.

Em menos de um ano a empresa começou a enfrentar dificuldades de liquidez que se agravou, tendo em vista os seguintes eventos:

- Os distribuidores passaram a atrasar seus pagamentos, diminuindo gradativamente o seu volume de compras.
- A carteira de contas a receber passou a crescer cada vez mais.
- A área de finanças passou a lançar mão de papéis para desconto bancário e obter empréstimos.
- Quando não conseguiu mais crédito dos bancos, passou a não ter condições de cumprir compromissos com fornecedores, apesar de ter em mão muitas duplicatas a receber.
- As despesas operacionais cresceram 46%.
- As despesas administrativas cresceram 20%.
- Verificou-se que 5% de seus consumidores ativos detinham 75% de sua carteira.

A empresa passou a dar prejuízo, tendo de demitir pessoal e, como sempre, agiu sem critérios inteligentes, dispensou também elementos produtivos, agravando mais a situação.

3.46 Indústria Nacional de Papéis

A Indústria Nacional de Papéis, indústria do ramo de papéis e gráfica, distribui para todo o território nacional: cartões, papéis e papelão. O seu maior movimento ocorre justamente em épocas de festas, como Natal, Ano Novo, Páscoa, quando é maior a procura de cartões no mercado. Além desse tipo de cartões, o movimento durante o ano todo é considerado muito bom, pois grande parte de sua produção é absorvida para a confecção de cartões postais, cartões de visitas comerciais, convites de casamento. Ainda no setor gráfico, é bem grande o volume de impressão de livros.

Recentemente, a empresa admitiu um diretor de pessoal (recursos humanos), o Sr. Jacomo Venti para dar cobertura aos 550 elementos que trabalham nas diversas lojas que a empresa possui em várias localidades do estado. Na área de produção existe um gerente, o Sr. Cássio Dias, que responde diretamente a presidência da empresa.

O Sr. Hilário França exerce a função de gerente de vendas com total responsabilidade pelas vendas da empresa, existindo ainda vários gerentes regionais em outras localidades situadas fora do estado.

O controlador e tesoureiro, Sr. Ernani, é um funcionário admitido recentemente, vindo de uma empresa do ramo têxtil, onde supervisiona o Departamento Financeiro. Os gerentes de produção e de vendas foram promovidos há dois anos. O gerente de produção era, anteriormente, supervisor de produção, enquanto o gerente de vendas era um dos gerentes regionais de vendas, tendo tido sempre uma boa atuação dentro das áreas que lhe ofereceram.

O presidente da empresa, Sr. Maximiano Cruz, tem 58 anos de idade e acredita na necessidade de treinamento e de programas educacionais para a empresa, admitindo que a mudança deva começar pela presidência. Assim, em contato com o diretor de pessoal, solicitou um estudo para a aplicação de vários cursos de desenvolvimento humano, incluindo um plano de treinamento para cada um dos setores, no sentido de revitalizar a empresa.

Todavia, tratando-se de uma empresa já com um esquema de trabalho com muitos vícios por parte dos empregados, a ideia encontrou diversos obstáculos, pois, entre outras coisas, previa-se uma reclassificação de cargos e remanejamento de pessoal.

Os gerentes, embora sejam até certo ponto novos no cargo, têm procurado modificar os sistemas atuais que foram, empiricamente, desenvolvidos por determinados funcionários que se julgam os melhores e que sem sua participação fatalmente a empresa não iria funcionar.

Como o mercado é bastante concorrido, qualquer decisão tomada sem uma determinada precaução e que, porventura, vier a provocar uma reação negativa por parte dos funcionários contra a administração, poderá redundar em uma queda de produção e consequente perda de mercado, se a situação se prolongar por um longo período.

Assim, o Sr. Venti se viu numa situação difícil, porque iria de encontro às velhas rotinas, ranços burocráticos, estruturas deficientes e uma falta de conhecimento de novas técnicas administrativas, já que os postos de chefia se encontravam com a "prata da casa" e o único "sangue novo" vinha de uma indústria têxtil. Também achou exagerado o presidente solicitar dele um plano de treinamento para cada setor da empresa. O que fazer?

3.47 Indústria Sorvetes Ltda.

Uma fábrica de laticínios, a Leite S. A., que atua desde a década de 1950, vem mantendo uma boa rentabilidade e uma razoável atuação no mercado.

Entretanto, chegou à conclusão que não poderia se expandir devido à forte concorrência existente. Resolveu estudar o desenvolvimento de uma nova linha de produtos, como a de sorvetes. Através de pesquisa, obteve a informação que a Sorvetes Ltda. estava à venda e constatou mais:

a) A Sorvetes Ltda. fabrica seus produtos e vende para trinta distribuidores diferentes.
b) Os estados em que opera são: Rio de Janeiro, Espírito Santo, Minas Gerais, São Paulo e Goiás.
c) A Sorvetes possui cotas de participação do capital social de todas as distribuidoras.
d) As distribuidoras possuem autonomia administrativa para gerir seus negócios.
e) A política de preço é discutida em conjunto com todas as distribuidoras.
f) A verba de propaganda para produtos e marcas é cooperada entre todas as distribuidoras de maneira proporcional ao número de pontos de venda de cada distribuidora.
g) A propaganda é feita regionalmente.
h) Estes pontos de venda poderiam negociar manteiga, margarina e queijo, além, é claro, dos sorvetes.
i) Constatou que as maiores distribuidoras, as localizadas no Rio e em São Paulo, estavam inadimplentes.

A empresa Leite S. A. estudou a viabilidade econômica do negócio e chegou à conclusão que a Indústria Sorvetes Ltda. tinha uma marca confiável e que seu produto era de excelente qualidade. Soube também que uma empresa concorrente estava interessada na compra e que propôs pagar os débitos das distribuidoras no prazo de um ano.

Mas, só o faria, se pudesse ter controle total dos distribuidores, que passariam a vender sorvetes de sua marca na intenção de acabar com a marca da Indústria Sorvetes Ltda.

A Leite S.A. estimava que poderia duplicar seu faturamento, não pela venda de sorvetes, mas também pela venda de seus produtos. Basicamente, dois caminhos se apresentavam: desistir da compra e jogar fora estudos e pesquisas ou continuar pesquisando no ramo de laticínios que conhecia muito bem, pois estava nele há anos.

3.48 Informática Moderna

A Informática Moderna é uma empresa de crescimento rápido que fornece processamento de vários tipos de dados feitos por computador. É uma das muitas firmas de processamento de dados que iniciaram suas atividades a partir da década de 1970, tendo resistido a grande crise existente na indústria no final daquela década.

Atualmente, a empresa tem passado por várias etapas de desenvolvimento.

No começo, a companhia oferecia apenas o uso de computadores em uma base de divisão de tempo, como faziam os seus concorrentes. Os primeiros clientes foram os cientistas das universidades e laboratórios de pesquisa que criaram os seus programas próprios e apenas usavam as instalações da empresa.

Entretanto, ao contrário de seus concorrentes, a Informática reconhecia que seus clientes iriam algum dia ser capazes de atender as suas próprias necessidades. Se a empresa continuasse a oferecer apenas o uso de computadores, ela se tornaria logo obsoleta e a diferenciação do produto para concorrentes iria se tornar difícil de ser obtida.

Portanto, a empresa começou logo a criar pacotes de software, fornecendo programas enlatados aos clientes que eram compatíveis apenas com o seu equipamento. De início, esses pacotes eram na maioria científicos, uma vez que a empresa continuava a se concentrar nos maiores usuários de uso do tempo de processamento. Mas logo a firma se expandiu aumentando o número de clientes, incluindo usuários comerciais, e foram criados pacotes para tratar de problemas não científicos.

Dentro de poucos anos, o conjunto de clientes havia sofrido uma mudança acentuada e os usuários científicos se tornaram uma parte reduzida da atividade da empresa. Devido as aplicações comerciais incluírem, potencialmente, muitos setores da empresa, os pacotes de software tornaram-se mais complexos e produziram maiores lucros do que os seus similares científicos.

Quase na mesma época em que a Informática ampliou os seus serviços além do uso do computador, a administração percebeu o surgimento de uma tendência na indústria. Ela previu o aparecimento do usuário externo usando um cabo ligado ao computador, durante várias horas por dia. Portanto, ela foi pioneira na formação de uma rede global de comunicação de dados.

Essa rede mostrou ser muito atraente, uma vez que criava consumidores de firmas, cujos escritórios estavam espalhados em todo país, com acesso ao mesmo sistema. A próxima etapa da empresa foi oferecer a própria rede de comunicações como um produto, por meio da ligação da mesma nos computadores privados de outras empresas.

O domínio do mercado de informática tem continuado a crescer ao longo de várias linhas de produtos diferentes. A empresa oferece atualmente serviço de: manutenção de computador, informações médicas especializadas, notícias do mercado de capitais e cálculos tributários feitos por computador. Devido ao seu desejo de expansão rápida a companhia passou a adquirir pequenas empresas que operavam em setores diversos.

A Informática Moderna é uma firma orientada para o marketing que não só reage rapidamente as inovações do mercado, como também prevê mudanças. Por exemplo, no caso de aplicações comerciais, a gerência, em primeiro lugar, percebe uma oportunidade de mercado e depois apresenta uma oferta de produto.

No caso de manutenção de computador e serviços de rede, ela desenvolve recursos para uso interno e, a seguir, pesquisa um mercado no qual possa vendê-los.

O diretor atual foi gerente de marketing de uma grande empresa e tem usado como estratégia comprar software de terceiros em lugar de criá-los. O departamento de marketing é o todo poderoso e as demais funções são pequenas divisões para cuidar de finanças e pessoal. Esvaziou os setores de programação e de operações. Sua estrutura organizacional parece estar em constante modificação.

Após o desenvolvimento de uma rede de âmbito nacional, a empresa descentralizou-se regionalmente como se fossem diversas empresas, onde tinham total liberdade para agir e tomar decisões, independentemente da matriz, que só estava interessada em resultados positivos.

Entretanto, essa estrutura tem sido inadequada, pois os diferentes setores não conseguem trabalhar bem em conjunto, formando numerosos canais informais de comunicação. A empresa parece estar na iminência de sofrer uma outra grande modificação.

3.49 Joly Móveis

A Joly Móveis é uma empresa que fabrica móveis para escritórios e residências. O capital social da Joly é de 100.000 dólares e suas vendas atingem aproximadamente 25.000 dólares/mês. Sua diretoria é composta de treze cotistas, sendo que somente três deles exercem funções administrativas dentro da organização.

A empresa conta atualmente com 160 funcionários, tendo esse número se elevado (eram 80 funcionários inicialmente), em virtude do planejamento para o lançamento de uma nova linha de móveis residenciais, que se esperava fazer sucesso no mercado.

A alta administração é baseada em três diretores. O diretor-superintendente, por ser o acionista majoritário, somente faz dentro da empresa aquilo que gosta, desenha o dia todo esboços de conjuntos de estofados e os mostra ao gerente de vendas que, além de empregado da empresa, é também seu amigo particular.

O diretor-comercial cobre, em parte, as falhas do diretor-superintendente e não delega suas funções por achar que ninguém faz, tão bem como ele, as atribuições inerentes a área comercial da empresa. Por esse motivo, sai todos os dias da empresa ao redor das 22 horas e é o primeiro a chegar no dia seguinte pela manhã.

Seu estado psicológico normal é de profundo rancor e impaciência com relação ao mundo que o rodeia.

O diretor-industrial é engenheiro civil, tendo antes participado de uma empresa especializada em estruturas de concreto, durante doze anos. Não leva muito a sério os problemas com os quais se defronta, por achá-los relativamente simples. Este diretor tem um gerente de produção como subordinado, que se aposentará dentro de dois anos, e por este motivo não se empenha muito para com a produção da empresa.

Há aproximadamente dois anos, uma empresa alemã ofereceu conhecimento técnico para fabricação exclusiva de móveis estofados para residências em troca de uma comissão de 1% sobre as vendas dos conjuntos. Tão logo se amortizassem os custos de aquisição de maquinaria e aumento da planta industrial, que de 2.000 m^2 passaria para 9.000 m^2, prevendo-se a compra de um terreno situado atrás da firma, seriam contratados mais 80 funcionários, sendo 15 técnicos especializados em processos de fabricação para a nova linha.

Após rápidos estudos, o diretor-superintendente decidiu aceitar, de imediato, o contrato oferecido, assegurando que os desenhos da nova linha deveriam enquadrar-se ao gosto dos consumidores brasileiros. Com tal argumento, o diretor-superintendente convenceu, praticamente, os demais sócios a optarem pela nova linha de produtos e pelo contrato de fornecimento de tecnologia alemã.

Após a obtenção de empréstimos em diversos bancos, com garantia hipotecária, construiu-se a nova fábrica, dentro dos padrões da mais moderna tecnologia. Admitiram-se novos funcionários e iniciou-se a produção em grande escala da nova linha de produtos.

Paralelamente, a produção desses novos produtos, que eram elaborados em série e em volume industrial, havia também a produção dos móveis que a firma já vinha produzindo, há muito tempo, e que, apesar de serem produzidos quase artesanalmente, satisfaziam plenamente ao mercado em função de uma demanda razoavelmente boa, proporcionando uma rentabilidade adequada ao esquema industrial, então montado para isto.

Ao término do primeiro ano de atividade, constatou-se que os prejuízos foram enormes e os representantes de vendas (havia um para cada capital brasileira) fizeram uma visita à fábrica em comissão para expor os seguintes problemas:

- A nova linha de móveis tinha um estilo muito austero, própria ao gosto dos europeus, visto que no Brasil, pelo seu clima tropical, os consumidores preferiam linhas mais descontraídas.
- As cores dos móveis também foram alvo de severas críticas.
- Os preços elevados não condiziam com a qualidade dos estofados.

Nessa reunião, surgiram vários problemas relacionados com as dificuldades de vendas dos novos produtos. Discutiu-se que até a linha convencional que proporcionava boa margem de lucro para a companhia fora sacrificada, pois despesas foram transferidas totalmente para ela, na tentativa de minimizar o preço de venda dos novos produtos.

No decorrer da reunião, o diretor-superintendente falou que, durante 20 anos, havia planejado as formas, o estilo, as cores e o revestimento dos móveis da Joly e sempre conseguira vender toda a produção da fábrica e arrematou: Onde estaria o erro da decisão tomada?

3.50 Julius Corretora

A empresa Julius Corretora, nos últimos anos, teve um desenvolvimento muito grande nos seus negócios. Com um crescimento de 20% ao ano a Julius ampliou o número de lojas, de pessoal, de recursos humanos e de infraestrutura. Contudo, ao iniciar a década seguinte, devido a economia do país, as transações imobiliárias tiveram uma forte retração, porque, devido a estagnação, o setor de construção civil sofreu uma forte recessão.

A corretora se envolvia com vendas e financiamento de imóveis no eixo Rio – São Paulo. A força de vendas era constituída na sua maioria de corretores de imóveis, quase todos provindo da classe média e com nível escolar de 2º grau.

A remuneração dos vendedores é feita exclusivamente a base de comissões.

Achando que poderia reverter esta situação a corretora passou a construir imóveis, pois entendia que poderia construí-los a um custo inferior. Desta forma o preço de venda seria menor e isto talvez ativasse a demanda. Não conseguiu reverter a situação e acabou tendo imóveis encalhados, agravando a sua situação financeira.

A diretoria da Julius Corretora decidiu impor um plano de contenção de despesas e buscar uma estratégia de como sair desta situação. O diretor de marketing, em consonância com o presidente, resolveu distribuir uma comunicação interna a todo o seu pessoal com o seguinte teor: Como é do conhecimento de todos, nossa empresa passa por dificuldades financeiras, tendo em vista que o faturamento caiu a níveis alarmantes e não seria possível manter o montante atual de despesas. Assim solicito:

- Cancelar a conta representação para almoços e recepções.
- A verba com publicidade e propaganda será bem reduzida.
- A frota de veículos da empresa será leiloada.
- Os vendedores terão de usar seus próprios automóveis para deslocar clientes nas visitas aos imóveis.

Finalmente, gostaria de comunicar a minha equipe que teremos de cortar nossas despesas em 50% e que, provavelmente, teremos de dispensar mão de obra. Coloco-me a inteira disposição da equipe para os devidos esclarecimentos e aguardo sugestões para que possamos estabelecer estratégias e elaborar um Plano Anual de Marketing para enfrentar tal situação.

A comunicação provocou forte impacto em toda equipe de vendas. Era comum o gerente de vendas reunir os corretores, todas as manhãs de segunda-feira, para discutir e avaliar resultados para, então, traçar táticas para a semana. Nessas reuniões de vendas, é costume haver: interação, integração e sinergia.

Na primeira reunião, após o comunicado, os corretores disseram ao gerente de vendas que a decisão foi intempestiva e passaram a reclamar antigas reivindicações sobre a remuneração dos vendedores. O grupo achava que a companhia devia conceder aumentos por mérito, em função do alcance de objetivos específicos de vendas.

Essa solicitação do pessoal de vendas foi, sumariamente, rejeitada pela diretoria de marketing, que, simplesmente, argumentou que quanto maiores as vendas, melhores as comissões, mostrando um raciocínio linear. E disse mais: O alcance das metas de vendas deve ser uma obrigação dos vendedores.

Durante a reunião, Atila Matos, seguro de si, procurando representar o consenso dos colegas a respeito, levantou-se e argumentou que, se os consumidores não tivessem estímulos para comprar, as coisas piorariam e que os cortes em propaganda e transporte agravariam ainda mais a situação.

Outros vendedores, animados pela intervenção, também deram sua opinião. O gerente de vendas escutou e explicou que a decisão tomada não fora intempestiva e que seria considerada como política da empresa, pois não era ideia dele, mas de uma reunião colegiada da diretoria.

Alertou que manifestações em contrário seriam punidas, porque a empresa estava em perigo e que seria necessário salvá-la. A reunião terminou friamente.

No dia seguinte, os vendedores, que haviam se manifestado contra a nova política, foram chamados a sala do gerente de vendas para serem informados que seus serviços não eram mais necessários à Corretora.

3.51 Um Agente de Viagens

Nelson Costa é um professor universitário aposentado que atualmente escreve livros didáticos do Campo da Administração de Negócios e Gestão de Recursos. Até o momento já possui quinze livros publicados do Mercado Editorial.

Como é casado como uma mulher, totalmente dedicada ao trabalho e também porque chefia um Cartório com carência de mão de obra, resolveu fazer excursões, não só para se distrair, como também sair um pouco da rotina de escrever, posição solitária por natureza, mas que o vem se consumindo em solidão.

Trabalhou de domingo a domingo, não tendo vida social, não vai mais ao cinema e teatro, devido ao medo de sair à noite.

Nas excursões que faz está sempre analisando e comparando o comportamento humano dos excursionistas e, principalmente, de seus promotores que normalmente agem sem planejamento, operando mais na base da intuição e do empirismo, como se uma excursão fosse uma brincadeira para velhos.

Na última excursão, quando foi para Poços de Calda, notou que as promotoras não tinham a menor noção dos pontos de parada, pois nos impingiram, na ida, uma parada para alívio das pessoas e outras necessidades, em um lugar muito aquém das expectativas dos excursionistas.

Pior foi quando paramos para almoçar em um lugar feio e a comida era de péssimo valor. Foi alegada a impossibilidade de encontrar outro lugar melhor, pois algumas pessoas já estavam com fome. A grande desculpa é que era um lugar baratinho, cuja refeição valia R$ 9,90.

Houve uma reclamação geral que foi abafada por um bom hotel, tendo sido apresentado um jantar de primeira qualidade. Com um grupo muito heterogêneo foi difícil apresentar um roteiro para agradar a todos.

Assim, a maioria foi mesmo às compras, embora tudo lá vendido ter no Rio de Janeiro por melhores preços.

Nelson havia levado sungas de banho apara nadar na piscina, aliás como sempre faz. Não havia piscina no hotel, mas foi dito que o mesmo mantinha um convênio com o SESC local e que poderíamos utilizar suas instalações, desde que autorizado pelo hotel. Choveu no sábado e nada de piscina.

Quando Nelson recebeu o programa da excursão, lia-se que haveria cinco refeições e todos os cafés da manhã. Quando em Minas Gerais, foi apresentado um novo programa que acrescentou mais uma refeição no domingo e muito mais tempo para compras ou passeios fora do programa que seriam pagos pelos excursionistas.

Nelson resolveu fazer ele mesmo o seu programa, aproveitando a estada no hotel. Depois descobriu que outras pessoas do grupo agiram da mesma forma.

Como a viagem a Poços de Caldas gastou entorno de 10 horas, Nelson ficou pensando como sair de lá as 14 horas, nas mesmas condições, e chegar no Rio de Janeiro as 24 horas? Quanto transtorno causaria a sua esposa, que o aguardava para as 21 horas, no máximo, como o programa original havia prometido.

Em havendo cinco refeições, deveríamos sair de poços de Caldas lá pelas 9 horas da manhã. O programa havia sido alterado sem nenhuma comunicação prévia, mostrando com isso que as promotoras Lucia e Melissa encaravam a excursão como uma brincadeira de velhos.

A ideia que passou por Nelson é que já existia o hábito de fazerem o que querem e utilizar o grupo excursionista para se esbaldarem com o dinheiro de terceiros. Inclusive uma das promotoras levou até a família na excursão, provavelmente, as custas do dinheiro alheio. Até pensou que esta família estava de carona.

Na volta inventaram um joguinho de adivinhação que a partir da quarta pergunta, o grupo estava completamente desmotivado para continuar. As perguntas eram dificílimas para pessoas ansiosas para chegar em casa. Ademais, chovia muito o que retardou mais a viagem.

Nelson decidiu que terá de procurar uma empresa de turismo mais bem organizada do que guias de turismo totalmente sem conhecimento de como administrar o tempo das pessoas.

Mesmo assim, Nelson ainda está em dúvida. Será que as empresas de turismo, que cobram bem mais caro, também são assim? O turista é só um detalhe?

3.52 Uma Excursão

Nelson Costa resolveu fazer uma excursão a Caldas Novas, já que há muitos anos, sempre ouviu falar muito bem do lugar. Teve de viajar sozinho, pois sua esposa, chefe de cartório, teria naquela semana inspeção da Corregedoria.

Como já havia dispensado diversas vezes com outras agências, devido as excursões serem programadas atravessando o fim do mês. Fato que o impediu, porque ajudava a esposa a fechar a contabilidades de custos do cartório.

Costa lembrou que, no início da década de 1980, seus pais estiveram na Posada do Rio Quente e sempre elogiaram o local. A propaganda do local dizia se tratar do local medicinal.

Como Costa recebeu por mala direta o convite, resolveu reservar seu nome (período de 21 a 29 de novembro) com o Sr. Fernando, embora já o conhecesse de uma excursão a Aparecida que fez com sua esposa, cujo resultado tenha sido um desastre em Penedo.

Lá em Penedo o guia nos fez sair de um bondinho que fazia passeio pela cidade para nos levar a um shopping, alegando hora do almoço. Era muita pressa para nada. Na realidade ele se fez guia turístico, depois de ter sido motorista da Urbi et Orbi. Sempre estressado ele agia como se estivesse fazendo um favor.

O guia não conhecia o os acidentes geográficos da região e muito menos sobre a economia do lugar. Nem a estrada de ferro que margeava a rodovia ele sabia o nome. Oscilava entre o diplomata e o pavio curto.

Como mau planejador, o guia fez um roteiro para Caldas Novas indo por Araxá. Isto levou o grupo da excursão chegar nesta cidade quase as 21 horas. Arrumou uma encrenca com o dono do hotel, sobre o jantar.

O preço cobrado por pessoa era de R$ 1.590,00. Acreditava Costa que era um valor suficiente para cobrir o custo da viagem, já que o hotel em Caldas Novas era um lixo e a comida pior. Os participantes tiveram de pagar para entrar nos pontos turísticos.

Até que o valor de R$ 2,00 para o Recanto do Japonês foi razoavelmente bom. O guia ficou do lado de fora, alegando conhecer o lugar. Mas como havia um guia local, o passeio foi bastante interessante, já que o mesmo relatou o simbolismo e a mística de uma réplica de um jardim japonês do Século XIV. Na opinião de Costa foi o melhor passeio.

Já na Lagoa de Pirapetininga muitos instrumentos de diversão foram agregados, dando uma ideia mercantilista, que foi rejeitada por praticamente todos da excursão. O guia, como sempre, não sabia explicar nada e se recusou a pagar, alegando já conhecer tudo aquilo.

Costa começou a perceber que o atendimento do guia deixava muito a desejar. Algumas observações foram constatadas, tais como:

- O apartamento, apesar de limpo, tinha um banheiro cheio de cupim na porta, o chuveiro defeituoso e tampa da privada balançava no sentar de uma pessoa.
- Havia obra do lado e, portanto, era impossível descansar depois do almoço.
- No Lobby do Hotel não havia um jornal da região.
- A geladeira quando desligava fazia um barulho tão grande que acordava Costa na madrugada.
- Os participantes da excursão tinham uma média de idade de 70 anos e muitos já tinham viajado com o Sr. Fernando e não reclamavam de nada.
- Nas excursões que Nelson faz as entradas em parques e jardins são cobertas pela agência de viagens.
- O Sr. Fernando fez os "turistas" pagarem por tudo, até a cartela do bingo.
- Numa conta aproximada que Costa fez, estas despesas extras totalizaram um valor de 1% do preço cobrado.

- Nelson percebeu que o Sr. Fernando não tinha uma visão de seu mercado.
- Em um dos passeios um tal de Sergio, casado com uma mulher que dizia a toda hora que morava em Ipanema, tomou a liderança do grupo. Fato que deixou o guia Fernando muito irritado e grosseiro.
- A estratégia do guia é conversar com um a um, sempre justificando o porquê da falta de conforto do hotel.
- Com relação a comida disse que havia um novo chefe de cozinha. O que levou Costa a desconfiar que, no próximo ano, agiria da mesma maneira.
- Costa por ser um professor universitário e autor de livros didáticos, perguntou a algumas pessoas do grupo se o Sr. Fernando é nervoso e agitado, em função de estar no comando da excursão. Recebeu como resposta: Ele era pior.
- Costa perguntou por que então vocês viajam com ele? A resposta foi: Ele facilita o pagamento, além de barato nós pagamos como podemos.
- Nelson refletiu: Como pode estar fazendo isto há 30 anos?
- Como a comida, à medida que ia chegando ao fim de semana, melhorava dia a dia. Por que o guia fez o grupo chegar numa segunda-feira à noite?

O hotel era concorrido por causa das 12 piscinas, poços e pocinhos. Em conversa com outras pessoas do grupo, Nelson teve como resposta o seguinte: Eu venho para cá para descansar. Como descansar com o barulho da obra, autos falantes berrando até 23 horas e das pessoas falando em voz alta?

A noite não havia nada a fazer. Costa observou que dois casais jogavam cartas e outros dominó. Por que o guia não providenciou distração para a turma? A noite em Caldas Novas é muito pior que durante o dia. Um lugar completamente morto.

Costa convidou o guia para ir com ele para comer uma pizza, que ele pagaria. O guia se negou. Em outra oportunidade, o guia não aceitou beber água de coco, alegando gastrite.

3.53 Metalúrgica Santa Rita

A Metalúrgica Santa Rita é uma empresa de porte médio para grande e que se dedica à produção e comercialização de cadeados, fechaduras, trincos e outras ferragens, tanto para residência como para automóveis. Sua linha de produtos é extensa, envolvendo perto de 500 itens diferentes, identificados tanto com o mercado de construção, como o mercado automobilístico.

Para a produção dessa linha de produtos, a Metalúrgica possui uma fábrica nos arredores da cidade de São Paulo. A comercialização se faz por meio de filiais situadas em São Paulo, Rio de Janeiro, Porto Alegre, Belo Horizonte e Recife.

Em cada filial há um depósito de produtos acabados, tanto para mercado industrial como para o mercado de reposição

Fundada em 1960, pelo atual diretor presidente, Sr. Raimundo Correa, a Metalúrgica experimentou grande expansão na década de 1970, por ocasião do chamado "milagre econômico brasileiro", quando ocorreu enorme incremento da construção imobiliária paralelamente à produção de automóveis no Brasil.

Contudo, a partir de 1979, a Metalúrgica começou a sentir os efeitos de recessão do mercado imobiliário e do mercado automobilístico. Teve de reduzir suas operações de produção, seus investimentos e sua força de trabalho. Embora tenha reduzido seu efetivo de pessoal, sua estrutura organizacional manteve-se a mesma.

Os níveis hierárquicos estão dispostos da seguinte maneira:

- Nível 1: Diretor presidente.
- Nível 2: Diretores de área.
- Nível 3: Gerentes de departamento.
- Nível 4: Chefes de setor.
- Nível 5: Supervisores de seção.
- Nível 6: Encarregados.
- Nível 7: Mensalistas.
- Nível 8: Horistas.

Para o diretor presidente o grande desafio para a Metalúrgica Santa Rita é alcançar um nível de eficiência e de efetividade nos negócios, a fim de tirar o máximo proveito possível de suas operações. Para tanto, solicitou a cada diretor e cada gerente que apresentassem um esquema ou plano sobre como cada área e cada departamento poderia melhorar seu índice de produtividade.

O gerente de recursos humanos, Alberto de Oliveira, preocupou-se em dar uma visão global de seu departamento, já que, qualquer que fosse o setor, havia pessoas trabalhando. Assim, neste sentido a eficiência, eficácia e efetividade na administração de pessoas deve ter uma visão holística.

Tendo em vista a argumentação do gerente de RH, o presidente pediu que este formulasse um plano para se conseguir melhores resultados. Mas, como fazer?

3.54 Uma Política de Produção

Como a fabricação vem sendo dominada há muito tempo por peritos em computação, o resultado foi que os escalões superiores da administração tenderam a se envolver na fixação de políticas de fabricação e os encarregados diretos da produção em nada na estratégia global da empresa.

Uma função organizacional, que poderia ter um valor positivo e ser uma ferramenta útil de estratégia, passou a ter pouco significado e a ser considerada como um pesado encargo.

A fabricação, propriamente dita, é relacionada à eficiência, custos reduzidos e produtividade.

Poucos administradores da direção da empresa percebem que aquelas que parecem ser decisões de rotina no ciclo de fabricação (ciclo operacional) podem chegar a limitar as opções estratégicas, amarrando-as a recursos e facilidades não congruentes a uma atitude competitiva. Muitas políticas e procedimentos de fabricação, desenvolvidos nos níveis inferiores, são mal interpretados.

Alguns exemplos são colocados, a seguir, para que o leitor possa mais bem avaliar as dificuldades de desenvolver e implementar uma boa política de fabricação:

Uma empresa fabricava cinco espécies de produtos eletrônicos para cinco grupos distintos de clientes. Os produtos variavam desde controles para satélites até controles industriais e componentes. Cada mercado exigia uma tarefa diferente da função de fabricação.

Por exemplo, no primeiro mercado exigia-se uma confiabilidade muito elevada. No segundo, a demanda pedia uma introdução rápida de uma avalanche de produtos novos. No terceiro, produção a custos baixos era de importância crítica.

Apesar das tarefas serem tão diferentes e mesmo contrastantes, a gerência decidiu centralizar todas as de fabricação num só local para conseguir economia de escala. O resultado foi um fracasso, pois as exigências por uma estratégia competitiva foram ignoradas. Este grupo de produção estava obcecado com um sistema total de controle com base no computador.

O resultado foi que a fabricação não satisfez as outras funções organizacionais, principalmente, marketing.

Uma outra empresa que produzia resinas para moldagem de plástico, deveria colocar em funcionamento uma nova fábrica, dentro de oito meses, dobrando a produção. Neste momento a fábrica já tinha uma carteira de pedidos abarrotada sem condições de atender.

Assim, a tarefa principal era atender alguns clientes cativos e pedidos de grande volume. Entretanto, o sistema de controle havia sido planejado para minimizar custos. Como resultado, a empresa não conseguiu manter uma política de preço baixo, não atendendo muitos pedidos que foram cancelados.

A nova situação levou a nova fábrica a trabalhar em regime de produção muito abaixo de sua capacidade instalada.

O erro em se considerar custos baixos e alta produtividade como objetivos principais, típico de uma fábrica de raciocínio simplista, foi a causa das dificuldades. A fabricação afeta a estratégia global, e vice-versa.

Mesmo numa área de operação, aparentemente rotineira, é preciso levar em consideração que a mais importante estratégia é manter consumidores a qualquer custo, desde que estes não comprometam a sobrevivência da empresa.

3.55 Estilos de Gerência

A fim de fazer com que alguns de seus supervisores se atualizassem com as técnicas de relações humanas com seus subordinados, a diretoria da empresa resolveu inscrever alguns deles em um curso de treinamento sobre Estilos de Gerência, realizado por uma conhecida organização dedicada ao desenvolvimento gerencial, em São Paulo.

O curso previa uma duração de uma semana em tempo integral, cerca de 40 horas, entre aulas expositivas, debates e atividades grupais, exigindo total afastamento dos participantes de suas atividades empresariais. Foram escolhidos os quatro melhores supervisores, como prêmio pela sua dedicação à empresa.

Terminado o curso, o diretor industrial chamou os quatro supervisores à sua sala de trabalho para perguntar-lhes a respeito de suas impressões pessoais sobre o curso e como poderiam aplicar na prática tudo que tinham aprendido.

O primeiro a falar foi João Conrado, supervisor do depósito de matérias-primas. Conrado foi taxativo, pois nunca em sua vida havia participado de um curso tão brilhante e tão bacana. Sentira-se não um simples aluno, mas um participante ativo e importante. Contudo, ainda era cedo para poder opinar sobre sua aplicação na empresa.

O segundo supervisor, Pedro Saldanha, da oficina de manutenção, concordou com Conrado, nada chegando a acrescentar em suas observações.

O terceiro supervisor, Juvência Batista, de contas a pagar, entrou em mais detalhes, porque aprendera coisas importantes sobre: a natureza humana, a motivação da pessoa, a teoria das necessidades humanas e outros assuntos. Na prática, teria de aprender a aplicar esses conceitos de forma ampla e de acordo com as diferenças individuais de seus subordinados.

O quarto supervisor, Henrique Bueno, da usinagem, reagiu de maneira completamente diferente e inesperada. Explicou que havia aprendido que o ser humano é dotado de necessidades, trabalhando quase que exclusivamente para satisfazê-las, o que nem sempre consegue.

Continuou dizendo, como o ser humano é um ser complexo, cada pessoa tem necessidades diferentes das demais. O que é bom para um pode não ser para outro. Disse que estranhou muito a pergunta inicial do diretor industrial. Como responder a tal pergunta, se não tinha poderes para aplicar novas políticas de pessoal na empresa?

Henrique Bueno disse que este curso deveria ser primeiro feito pelo presidente e gerentes. E tudo aquilo que ouvira era muito bonito na teoria. Mas nada se falou em aumento de salário para compensar o esforço de se vestir a camisa da empresa.

Preocupado com as respostas e uma iminente greve geral, o diretor industrial convocou uma reunião.

O diretor industrial solicitou a presença de Alberto Oliveira, diretor de recurso humanos, para que explicasse a situação e também conversasse com os supervisores sobre o tal curso. Ao se preparar para a reunião, Alberto procurou rabiscar alguns aspectos de abordagem.

Alberto já completara 12 anos de casa. Conhecia muito bem a diretoria e as ideias que o diretor presidente estava pretendendo introduzir na empresa. Estas ideias eram baseadas na livre iniciativa e no pleno respeito aos direitos humanos, mas sabia que essas ideias entravam em conflito com alguns diretores.

Como as coisas não andavam bem, devido a uma recessão crescente no mercado, forte elevação dos juros, uma inflação crescente, dificuldades com exportação, lucros declinantes, dificuldades de alavancagem e outros problemas, seria difícil falar de novas concessões ao pessoal da empresa.

Realmente era preciso lucrar mais para depois dar alguns favores em troca, pois qualquer plano que provocasse despesas ou custos adicionais seria fatalmente rejeitado ou adiado para futuro remoto.

Alberto Oliveira não sabia exatamente por onde começar. Na qualidade de gerente de RH era ele o mais indicado para oferecer algum plano para melhorar as relações humanas na empresa. Reduzir ou minimizar o risco de greve ou tumultos. Pensou também que tal plano não oneraria a companhia? O que propor?

3.56 A Empresa Ribeiro da Costa

A Empresa Ribeiro da Costa é uma empresa que pode gabar-se de ter todos os seus cargos recenseados, descritos e analisados. Além disso, é uma empresa onde a avaliação do desempenho já é uma realidade em todos os níveis da organização.

Contudo, para o gerente de recursos humanos da organização, Anderson Jorge, há ainda muita coisa pela frente. O próximo passo que pretende dar é a implantação de uma Administração de Salários baseada em avaliação e classificação de cargos e pesquisas salariais periódicas. Porém, ele precisa do consenso e aprovação do seu plano pela diretoria.

Como as coisas não estão muito bem para a empresa, devido aos altos juros, desemprego, fantasma da recessão, competição acirrada, baixa produção, capacidade ociosa de suas máquinas, vendas despencando, dificuldades de exportação, cresce a incerteza quanto ao futuro. Também os ventos não são favoráveis a inovações.

Apesar de tudo Anderson acha que, num momento como esse é que a implantação de um sistema de administração de salários seria muito bem recebida pelo pessoal, como um sinal de lealdade da empresa para com seus funcionários.

Com essas ideias na mente, Anderson, pôs-se a trabalhar. Precisaria, inicialmente, definir muitas coisas antes de bolar um plano que pudesse apresentar à diretoria e obter aprovação.

Passou a perpassar algumas dúvidas, tais como:

- Iria dividir os cargos da mesma maneira como fez no programa de análise e descrição de cargos?
- Quais os conjuntos de cargos?
- Quais os métodos de avaliação a aplicar em cada um desses conjunto de cargos?
- Quais os tipos de classificação?
- Como bolar as pesquisas salariais?
- Quais critérios para escolher as empresas e os cargos como referência?
- Como seriam feitos os questionários?
- Como definir uma política salarial para a empresa?
- Quais os itens que deveria propor inicialmente à diretoria?

Com todas essas dúvidas, Anderson, são sabia por onde começar a esquematizar um Plano de Administração de Salários para a sua empresa. A quem pedir ajuda?

Referências Bibliográficas

ABREU, Romeu C. Lopes. *Análise de valor*. Rio de Janeiro: Qualitymark, 1996.

ACKOFF, Russel L. *Planejamento empresarial*. Rio de Janeiro: LTC, 1979.

ALBERS, Henry H. *Princípios de administração*. Rio de Janeiro: LTC, 1971.

ALBRECHT, Karl. *Revolução nos serviços*. São Paulo: Pioneira, 1992.

ALVES, Nelson Aparecido. *Guia de resolução de problemas*. Rio de Janeiro: Qualitymark, 1995.

ANSOFF, H. Igor. *Administração estratégica*. São Paulo: Atlas, 1983.

ANSOFF, H. Igor. *Estratégia empresarial*. São Paulo: McGraw-Hill, 1977.

ANTUNES, Maria Thereza Pompa. *Capital intelectual*. São Paulo: Atlas, 2000.

BACKER, Morton. *Contabilidade de custos*. São Paulo: McGraw-Hill, 1974.

BALLOU, Ronald H. *Logística empresarial*. São Paulo: Atlas, 1993.

BERA, J. *Administração da qualidade total*. São Paulo: Ibrasa, 1997.

BERLO, David K. *O processo de comunicação*. São Paulo: Martins Fontes, 1991.

BRASIL, Haroldo Guimarães. *Avaliação moderna de investimento*. Rio de Janeiro: Qualitymark, 1997.

BURBIDGE, John L. *Planejamento e controle da produção*. São Paulo: Atlas, 1991.

CAHEN, Roger. *Comunicação empresarial*. São Paulo: Best Seller, 1990.

CASAS, Alexabdre L. Las. *Novos rumos do marketing*. São Paulo: Atlas, 2001.

CASAS, Alexandre L. Las. *Administração de vendas*. São Paulo: Atlas, 1999.

CASAS, Alexandre L. Las. *Marketing de serviços*. São Paulo: Atlas, 2000.

CASAS, Alexandre L. Las. *Marketing de varejo*. São Paulo: Atlas, 2000.

CASTRO, Cláudio de Moura. *A prática da pesquisa*. São Paulo: McGraw Hill, 1978.

CHAPMAN, Elwood N. *Relações humanas na pequena empresa*. Rio de Janeiro: Qualitymark, 1996.

CHERTO, Marcelo. *Franchising: revolução no marketing*. São Paulo: McGraw Hill, 1988.

CHIAVENATO, Idalberto. *Administração: teoria, processo e prática*. São Paulo: Makron Books, 1987.

CHIAVENATO, Idalberto. *Iniciação à organização e técnica comercial*. São Paulo: McGraw Hill, 1989.

CHIAVENATO, Idalberto. *Introdução à teoria geral da administração*. Rio de Janeiro: Campus, 2000.

CLEARY, Thomas. *Estratégia e liderança*. São Paulo: Saraiva, 1994.

CONWAY, William E. *Caçadores de desperdícios*. Rio de Janeiro: Qualitymark, 1996.

COSTA, Nelson P. *Comunicação empresarial (1ª ed.)*. Rio de Janeiro: Ciência Moderna, 2008.

COSTA, Nelson P. *Básico de administração*. Rio de Janeiro: Pecos, 2005.

COSTA, Nelson P. *Marketing para empreendedores*. Rio de Janeiro: Qualitymark, 2003.

COSTA, Nelson P. *Tempo: aprenda a administrar*. Rio de Janeiro: Ciência Moderna, 2008.

COSTA, Nelson P. *Documentos empresariais*. Rio de Janeiro: Ciência Moderna, 2012.

COSTA, Nelson P. *Análise do resultado empresarial*. Rio de Janeiro: Ciência Moderna, 2010.

COSTA, Nelson P. *Gestão de restaurante*. Rio de Janeiro: Ciência Moderna, 2016.

COSTA, Nelson P. *Marketing para empreendedores*. Rio de Janeiro: Ciência Moderna, 2020.

COSTA, Nelson P. *Glossário do empreendedor*. Rio de Janeiro: Ciência Moderna, 2019.

COSTA, Nelson P. *Oficina do livro*. Rio de Janeiro: Ciência Moderna, 2021.

COSTA, Nelson P. *Sistemas de informação*. Rio de Janeiro: Ciência Moderna, 2023.

COSTA, Nelson P. *Comunicação empresarial (2ª ed.)*. Rio de Janeiro: Ciência Moderna, 2023.

CROSBY, Philip B. *Qualidade – falando sério*. São Paulo: McGraw Hill, 1990.

CROSBY, Philip B. *Qualidade sem lágrimas*. São Paulo: Jose Olympio, 1992.

CULLIGAN, Matthew J. *Administração de volta às origens*. São Paulo: Abril, 1987.

DEMING, C. *O caminho Deming para qualidade e produtividade*. Rio de Janeiro: Qualitymark, 1991.

DEMING, W. Edwards. *Qualidade: a revolução da administração*. Rio de Janeiro: Saraiva, 1989.

DENTON, D. Keith. *Qualidade em serviço*. São Paulo: McGraw Hill, 1991.

DRUCKER, Peter F. *Inovação e espírito empreendedor*. São Paulo: Pioneira, 1990.

DRUCKER, Peter F. *Introdução à administração*. São Paulo: Pioneira, 1991.

DRUCKER, Peter F. *O gerente eficaz*. Rio de Janeiro: Zahar, 1981.

DRUCKER, Peter F. *Prática de administração de empresas*. São Paulo: Pioneira, 1981.

FARBER, Barry J. *Supersegredos de vendas para gerentes*. Rio de Janeiro: Qualitymark, 2001.

FARIA, A. Nogueira. *A comunicação na administração*. Rio de Janeiro: LTC, 1982.

FARIA, A. Nogueira. *Chefia e liderança*. Rio de Janeiro: LTC, 1982.

FERREIRA, Álvaro Tavares. *Vender é agradável*. Rio de Janeiro: Sindilojas, 1984.

FORTUNA, Eduardo. *Mercado financeiro*. Rio de Janeiro: Qualitymark, 2003

FREEMANTLE, David. *Incrível atendimento ao cliente*. São Paulo: McGraw Hill, 1993.

FULLER, George. *Estratégias do negociador*. Rio de Janeiro: LTC, 1993.

GAJ, Luis. *Administração estratégica*. São Paulo: Ática, 1987.

GALBRAITH, John Kenneth. *A era da incerteza*. São Paulo: Pioneira, 1987.

GATES, Bill. *A empresa na velocidade do pensamento*. São Paulo: Companhia das Letras, 2000.

GELLAT, H. B. *Tomando decisões de maneira criativa*. Rio de Janeiro: Qualitymark, 1998.

GERSON, Richard F. *A excelência no atendimento a clientes*. Rio de Janeiro: Qualitymark, 1998.

GHEMAWAT, Pankart. *A estratégia e o cenário de negócios*. Porto Alegra: Bookman, 2000.

GITMAN, Lawrence J. *Princípios de administração financeira*. São Paulo: Harbra, 1997.

GITMAN, Lawrence J. e Madura, Jeff. *Administração financeira*. São Paulo: Pearson, 2003.

GOBÉ, Marc. *A emoção das marcas*. Rio de Janeiro: Campus, 2002.

GOLDMANN, H. M. *A arte de vender*. Rio de Janeiro: Expressão e Cultura, 1981.

GOUVEIA, Nelson. *Contabilidade*. São Paulo: McGraw Hill, 1984.

GROPPELLI, A. A. e Ehsan Nikbakht. *Administração financeira*. São Paulo: Saraiva, 2002.

GUERREIRO, Bruno. *Administração mercadológica*. Rio de Janeiro: FGV, 1993.

HAMPTON, David R. *Administração contemporânea*. São Paulo: McGraw Hill, 1983.

HANSEN, Don R. *Gestão de custos*. São Paulo: Pioneira, 2001.

HARDING, H. A. *Administração da produção*. São Paulo: Atlas, 1989.

HELLER, Robert. *O supermaneger*. São Paulo: Abril, 1988.

HELLER, Robert. *Os tomadores de decisão*. São Paulo: McGraw Hill, 1991.

HRADESKY, John L. *Aperfeiçoamento da qualidade e da produtividade*. São Paulo: McGraw Hill, 1991.

ISHIKAWA, K. *Controle de qualidade total*. Rio de Janeiro: Campus, 1999.

IUDICIBUS, Sergio. *Contabilidade gerencial*. São Paulo: Atlas, 1987.

IUDICIBUS, Sergio. *Contabilidade introdutória*. São Paulo: Atlas, 1970.

JOÃO, Belmiro N. *Metodologia de desenvolvimento de sistemas*. São Paulo: Érica, 1993.

JOHNSON, Robert W. *Administração financeira*. São Paulo: Pioneira, 1972.

JOSIAS, Allen. *Previsão de vendas*. Rio de Janeiro: FGV, 1984.

JUCIUS, Michael J. e Willian E. Schlender. *Introdução à administração*. São Paulo: Atlas, 1988.

JURAN, J. M. *Juran planejando para a qualidade*. São Paulo: Pioneira, 1992.

JURAN, J. *Qualidade de projetos*. Rio de Janeiro: Brasport: 2003.

JURAN, Joseph M. *Controle da qualidade*. São Paulo: Makron Books, 1991.

JUTKINS, R. R. *O poder do marketing direto*. São Paulo: McGraw Hill, 1994.

KANAANE, Roberto. *Comportamento humano nas organizações*. São Paulo: Atlas, 1999.

KATZ, Daniel e Robert Kanh. *Psicologia social das organizações*. São Paulo: Atlas, 1976.

KING, Bob e H. Schlicksupp. *Criatividade: uma vantagem competitiva*. Rio de Janeiro: Qualitymark, 1999.

KOTLER, Philip. *Administração de marketing*. São Paulo: Atlas, 1998.

KOTLER, Philip. *Administração de marketing*. São Paulo: Prentice Hall, 2000.

KOTLER, Philip. *Marketing*. São Paulo: Atlas, 1992.

LEONE, George S. Guerra. *Custos – um enfoque administrativo*. São Paulo: Atlas, 1983.

LEVIT, Theodore. *Marketing para desenvolvimento dos negócios*. São Paulo: Abril, 1974.

LEVIT, Theodore. *Miopia em marketing*. São Paulo: Atlas, 1991.

LEVY, Michel e Barton A. Weitz. *Administração de varejo*. São Paulo: Atlas, 2000.

LIKERT, Rensis. *Novos padrões de administração*. São Paulo: Pioneira. 1971.

LIMA, Frederico O. *A sociedade digital*. Rio de Janeiro: Qualitymark, 2000.

LIVELY, Lynn. *Como gerenciar informações*. Rio de Janeiro: Campus, 2002.

LOBOS, Julio. *Comportamento organizacional*. São Paulo: Atlas, 1986.

LODI, João Bosco. *A presidência da empresa*. São Paulo: Pioneira, 1985.

LODI, João Bosco. *Administração por objetivos*. São Paulo: Pioneira, 1974.

LODI, João Bosco. *História da administração*. São Paulo: Pioneira, 1980.

MCCORMACK, Mark H. *A arte de vender*. São Paulo: Best Seller, 1995.

MACHADO, Jose Roberto. *Administração de finanças empresariais*. Rio de Janeiro: Qualitymark, 2002.

MACHIAVELLI, Nicolo Di B. Del. *O príncipe*. Rio de Janeiro: Civilização, 1976.

MACHLINE, Claude et alli. *Gestão de marketing*. São Paulo: Saraiva, 2008.

MANZO, Jose M. Campos. *Marketing uma ferramenta para o desenvolvimento*. São Paulo: Atlas, 1989.

MARCONDES, Odino. *Como chegar à excelência em negociação*. Rio de Janeiro: Qualitymark, 1997.

MARINHO, Pedro. *A pesquisa em ciências humanas*. Petrópolis: Vozes, 1980.

MARTINS, P. G. *Administração da produção*. São Paulo: Saraiva, 1999.

MATOS, Francisco Gomes. *Estratégia de empresa*. São Paulo: Makron Books, 1993.

MATTAR, Fauze Najib e Dílson Gabriel dos Santos. *Gerência de produtos*. São Paulo: Atlas, 1999.

MATTAR, Fauze najib. *Pesquisa de marketing*. São Paulo: Atlas, 2000.

MAXIMIANO, Antônio C. Amaru. *Administração de projetos*. São Paulo: Atlas, 1997.

MAYER, Raymond R. *Administração da produção*. São Paulo: Atlas, 1992.

MCKENNA, Regis. *Marketing de relacionamento*. Rio de Janeiro: Campus, 1997.

MILITÃO, Albigenor. *S.O.S. Dinâmica de grupo*. Rio de Janeiro: Qualitymark, 1999.

MINADEO, Roberto. *Gestão de marketing*. São Paulo: Atlas, 2008.

MINICUCCI, Agostinho. *Dinâmica de grupo: manual de técnicas*. São Paulo: Atlas. 1977.

MINTZBERG, Henry. *Criando organizações eficazes*. São Paulo: Atlas, 1995.

MIRANDA, Roberto Lira. *Marketing do varejo*. Rio de Janeiro: Qualitymark, 1997.

MIRANDA, Sérgio. *A eficácia da comunicação*. Rio de Janeiro: Qualitymark, 2002.

MIRANDA, Sergio. *A eficiência da comunicação*. Rio de Janeiro: Qualitymark, 1999.

MOLLER, Claus. *O lado humano da qualidade*. São Paulo: Pioneira, 1992.

MONKS, Joseph G. *Administração da produção*. São Paulo: McGraw Hill, 1987.

MORAIS, Carmem. *Atitudes de empreendedores*. Rio de Janeiro: Qualitymark, 2000.

MOTTA, Paulo Roberto. *Gestão contemporânea: a ciência e a arte de ser dirigente*. Rio de Janeiro: Record, 1991.

MOTTA, Paulo Roberto. *Transformação organizacional: a teoria e a prática de inovar*. Rio de Janeiro: Qualitymark, 1997.

MOURA, Luciano Raizer. *Qualidade simplesmente total*. Rio de Janeiro: Qualitymark, 1997.

OHMAE, Kenichi. *O estrategista em ação: a arte japonesa de negócios*. São Paulo: Pioneira, 1982.

PATTERSON, James G. *Como se tornar um excelente negociador*. Rio de Janeiro: Campus, 2002.

PENTEADO, Jose R. K. *Previsão de vendas*. Rio de Janeiro: Brasiliense, 1988.

PETERS, Thomas e Robert Watermann Jr. *Vencendo a crise*. São Paulo: Harbra, 1991.

PETERS, Tom. *Prosperando no caos*. São Paulo: Harbra, 1989.

PINTO, Eder Paschoal. *Negociação orientada para resultados*. São Paulo: Atlas, 1994.

PORTER, Michael. *Competição – estratégias competitivas essenciais*. Rio de Janeiro: Campus, 1999.

PORTER, Michael. *Estratégia competitiva e vantagem competitiva*. São Paulo: Campus, 1990.

PORTER, Michael. *Estratégia competitiva*. São Paulo. Campus, 1986.

REDFIELD, Charles E. *Comunicações administrativas*. Rio de Janeiro: FGV, 1966.

RESNIK, Paul. *A bíblia da pequena empresa*. São Paulo: McGraw Hill, 1991.

RIES, Al e Jack Trout. *As 22 consagradas leis do marketing*. São Paulo: McGraw Hill, 1993.

RIES, Al e Jack Trout. *Marketing de guerra*. São Paulo: McGraw Hill, 1991.

SÁ, Carlos Alexandre. *O Orçamento estratégico*. Rio de Janeiro: Qualitymark, 2005.

SÁ CARVALHO, Luiz C. *Análise de sistemas: o outro lado da informática*. Rio de Janeiro: LTC, 1988.

SÁ REGO, Kleber N. de Araújo. *Administração de marketing*. Rio de Janeiro: FGV, 1982.

SÁ REGO, Kleber N. de Araújo. *Desenvolvimento de novos produtos*. Rio de Janeiro: FGV, 1986.

SAMPAIO, Dalton. *Pesquisa de mercado*. Rio de Janeiro: FGV, 1984.

SCHEWE, Charles D. e Reuben Smith. *Marketing: conceitos, casos e aplicações*. São Paulo: McGraw Hill, 1982.

SCHLESINGER, Higo. *Preparação profissional do vendedor*. São Paulo: Atlas, 1986.

SCHULTZ, Don E. e Beth E. Barnes. *Campanhas estratégicas de comunicação de marca*. Rio de Janeiro: Qualitymark, 2001.

SCHULTZ, Don. *O novo paradigma do marketing*. São Paulo: McGraw Hill, 1994.

SCRIBELK, Edem. *Ferramentas do marketing*. Rio de Janeiro: FGV, 1986.

SERRA, Fernando. *Administração estratégica*. Rio de Janeiro: Reichmann e Affonso Editores, 2003.

SETZER, Valdemar W. *Banco de dados*. Rio de Janeiro: Edgar Blucher, 1988.

SIMON, Herbert A. e James G. March. *Teoria das organizações*. Rio de Janeiro: FGV, 1970.

SIMON, Herbert. *Comportamento administrativo*. Rio de Janeiro: FGV, 1964.

SLOAN, Alfred. *Minha vida na General Motors*. Rio de Janeiro: Record, 1965.

SMITH, Adam. *A riqueza das nações: investigação sobre sua natureza e suas causas*. São Paulo: Nova Cultura, 1985.

SOROS, George. *Globalização*. Rio de Janeiro: Campus, 2002.

SOUTO, A. C. Orofino e Roberto de Souza Serapião. *Gestão orientada à excelência*. Rio de Janeiro: Qualitymark, 1997,

SPENDOLINI, M. J. *Benchmarking*. São Paulo: Makron Books, 1993.

STARR, Martin K. *Administração da produção*. Rio de Janeiro: Edgar Blucher, 1990.

STEELE, Paul. *Negócio fechado*. São Paulo: Makron Books, 1991.

STEVENSON, William J. *Estatística aplicada à administração*. São Paulo: Harbra, 1981.

STOFFEL, Inácio. *Administração do desempenho*. Rio de Janeiro: Qualitymark, 2000.

STONIER, A. W. e D. C. Hague. *Teoria econômica*. Rio de Janeiro: Zahar, 1970.

TEBOUL, James. *A era dos serviços: uma nova abordagem do gerenciamento*. Rio de Janeiro: Qualitymark, 1999.

TOFFLER, Alvin. *O choque do futuro*. Rio de Janeiro: Artenova, 1972.

TOMASKO, Robert M. *Downsizing: reformulando e redimensionando sua empresa para o futuro*. São Paulo: Markron Books, 1992.

TOMASKO, Robert. *Rethinking – repensando as corporações (reengenharia)*. São Paulo: McGraw Hill, 1993.

TORANZOS, Fausto. *Estatística*. São Paulo: Atlas, 1981.

TORNAGHI, Newton. *Contabilidade para não contadores*. Rio de Janeiro: FGV, 1973.

TREGOE, Zimmerman. *A estratégia da alta gerência*. Rio de Janeiro: Zahar, 1982.

TREUHERZ, Rolf M. *Análise financeira*. São Paulo: Pioneira, 1975.

TZU, Sun. *A arte da guerra*. São Paulo: Record, 1990.

VANDERBECK, Edward J e Nancy, Charles F. *Contabilidade de custos*. São Paulo: Pioneira, 2001.

VASCONCELLOS & Goulart. *Empresas, sistemas e analistas*. Rio de Janeiro: LTC, 1975.

VASCONCELLOS, Marco Antônio S. *Fundamentos de economia*. São Paulo: Saraiva, 2001.

WANDERLEY, José Augusto. *Negociação total*. São Paulo: Gente, 1998.

WARLICH, Beatriz M. S. *Uma análise das teorias de organização*. Rio de Janeiro: FGV, 1974.

WEITZEN, H. Skip. *O poder da informação*. São Paulo: Makron Books, 1991.

WELSH, G. *Orçamento empresarial: planejamento, controle e lucro*. São Paulo: Atlas, 1977.

WESTWOOD, John. *O plano de marketing*. São Paulo: McGraw Hill, 1992.

WHITAKER PENTEADO, J. R. *Comunicação humana*. São Paulo: Pioneira, 1987.

WOODWARD, Joan. *Organização industrial: teoria e prática*. São Paulo: Atlas, 1977.

ZACARELI, Sergio B. *Programação e controle da produção*. São Paulo: McGraw Hill, 1988.

ZAJDSZNAJDER, Luciano. *Teoria e prática da negociação*. Rio de Janeiro: José Olympio, 1988.

Índice Analítico

Impressão e acabamento
Gráfica da Editora Ciência Moderna Ltda.
Tel: (21) 2201-6662